AF390224

Une servante du Sacré-Cœur

DU MÊME AUTEUR

Saint Léger, Collection « les Saints » Gabalda.

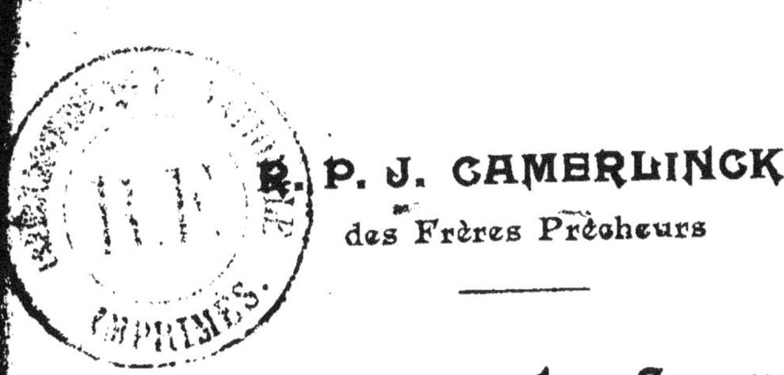

R. P. J. CAMERLINCK

des Frères Prêcheurs

Une Servante du Sacré-Cœur

La Très Révérende Mère

Marie des Anges

FONDATRICE ET PREMIÈRE PRIEURE GÉNÉRALE

DES DOMINICAINES DU SACRÉ-CŒUR

(HARDINGHEN)

(1837-1907)

PARIS

P. LETHIELLEUX, LIBRAIRE-ÉDITEUR

10, RUE CASSETTE, 10

1923

Nous avons lu, par ordre du T. R. P. Provincial, un manuscrit du R. P. J. Camerlinck intitulé : « La T. R. Mère Marie des Anges, Fondatrice et première Prieure générale de la Congrégation des Dominicaines du Sacré-Cœur » et nous en approuvons, en ce qui nous concerne, l'impression.

En notre couvent de la Très Sainte Trinité,
Kain, le 20 juin 1921.

Fr. Antoine LEMONNYER, O. P.   Fr. Etienne HUGUENY,
Maître en S. Théologie.   *Lecteur en Théologie.*

Imprimatur :

F. R. LOUIS, O. P.

Nous déclarons soumettre pleinement aux Décrets d'Urbain VIII sur la canonisation des saints les faits extraordinaires cités dans le présent écrit, ainsi que les appellations de saint qu'on pourrait y rencontrer.

Lettre de Mgr Julien, Evêque d'Arras

Arras, le 25 Octobre 1922.

MON RÉVÉREND PÈRE,

Je vous félicite d'avoir eu la pensée d'écrire la biographie de la Très Révérende Mère Marie des Anges, fondatrice et première prieure générale des Dominicaines du Sacré-Cœur à Hardinghen.

Vous avez réalisé une œuvre d'édification, en proposant aux âmes pieuses le grand exemple d'une vie religieuse vouée à l'obéissance et à l'esprit de sacrifice, comme la « *Servante du Sacré-Cœur* ».

Vous avez rendu hommage, et je vous en remercie, à mes vénérés prédécesseurs, Mgr Lequette, Mgr Dennel, Mgr Williez, qui tous ont donné leur bienveillant appui à la communauté des Dominicaines. Je n'ai garde, pour ma part, d'oublier les services que ces saintes Filles n'ont cessé de rendre à la grande famille diocésaine. Je me plais à témoigner de l'esprit vraiment « dominicain » qui les anime, et que réveillera encore le rappel des vertus de leur Mère fondatrice.

Dieu veuille rouvrir à leur dévouement et à leurs œuvres, y compris celle de l'enseignement, toutes les voies qu'une politique néfaste a momentanément fermées dans notre pays !

Veuillez agréer, mon Révérend Père, l'expression de mes sentiments dévoués en N. S.

† EUGÈNE-LOUIS,
Evêque d'Arras.

AVANT-PROPOS

> *« Le Cœur de Dieu s'épanouissant dans le cœur de l'homme y produit la sainteté. »*
> P. LACORDAIRE.

Nous intitulons ce livre : « Une Servante du Sacré-Cœur » et soulignons ce titre de cette pensée du Père Lacordaire : « Le Cœur de Jésus s'épanouissant dans le cœur de l'homme y produit la sainteté. » Ce titre et cette pensée, sous la réserve des jugements de l'Église, résument, à notre sens, les jours de bénédiction vécus sur cette terre par la Mère Marie des Anges.

La mémoire de cette religieuse est en vénération chez ses filles ; dans l'Ordre de Saint-Dominique où elle eut des conseillers amis et fort dévoués ; dans le clergé séculier et régulier où l'on apprécia ses vertus ; dans le monde des anciennes élèves de nos pensionnats dont la fidélité ne s'est jamais démentie.

De ces différents milieux il nous revient qu'on serait heureux de posséder une biographie de Mère Marie des Anges. La publication de cette biographie, nous assure-t-on, fera du bien aux âmes et contribuera à la gloire de Dieu.

Et voilà pourquoi nous avons cru pouvoir enfreindre l'ordre que la vénérée Mère consignait dans son *Testament spirituel :* « *Je désire et je veux qu'après ma mort on ne parle de moi que pour me recommander aux prières de l'Ordre, de nos amis et des personnes qui veulent bien s'intéresser à nous.* » Que Mère Marie des Anges nous pardonne et veuille bien bénir ces pages où nous racontons son ardente dévotion au Sacré-Cœur de Jésus, et les commencements d'une œuvre toute dévouée au culte de Jésus-Christ.

CHAPITRE PREMIER

Origines, enfance, jeunesse et profession religieuse de Mère Marie des Anges. — Arles et Mazan. — Vœu au Sacré-Cœur. — Mirecourt.

1837-1876

Vers l'année 1825, une jeune fille de seize ans, Suzanne Valette, demandait l'hospitalité au couvent de la Présentation de Toulouse. Cette enfant, convertie récemment au catholicisme, désirait se mettre à l'abri de la colère des siens.

Son père, en effet, descendant de ces protestants farouches qui s'étaient retirés, après la révocation de l'Edit de Nantes, dans le midi de la France et au nord de l'Espagne, l'avait déshéritée et lui faisait subir toutes sortes de mauvais traitements. Même après sa retraite à la Présentation, il la menaçait encore, guettant l'occasion de la tuer.

Le danger ayant disparu par la mort de son père, Suzanne se maria à un chrétien de vieille roche, M. Hector Sicard, greffier de justice de paix à Lacaune, chef-lieu de canton de l'arrondissement de Castres.

De cette union naquirent quatre filles : Mélanie, Philippine, Léonie et Maria. La troisième, Léonie, plus tard Mère Marie des Anges, vint au monde le 17 janvier 1837, et, le lendemain, reçut au baptême les noms de Marie-Elisabeth-Léonie-Alexandrine (1).

M. Sicard quitta Lacaune pour s'établir comme juge de paix à Toulouse. C'est là surtout qu'il éleva ses enfants. Il leur donna une éducation foncièrement chrétienne, si l'on en juge par les fruits qu'elle produisit et par le souvenir qu'en a gardé Mère Marie des Anges. M. et Mme Sicard, qui avaient trouvé, dans l'amour de Dieu et les pratiques religieuses, la paix de l'âme et des joies profondes, voulurent que les premières paroles de leurs enfants fussent les Saints Noms de Dieu, de Jésus et de Marie ; leurs premiers gestes, après ceux de l'attachement filial, les gestes de la prière ; leurs premières sorties, des visites à l'église.

Libérale aussi fut leur éducation. Il y entra, comme principaux éléments, l'exemple qui en impose, la bonté qui adoucit l'autorité de l'exemple : exemple et bonté qui ouvrent l'âme toute neuve de l'enfant au devoir et la prédisposent à ce qui est grand, noble, généreux ; qui développent en elle les germes de vie intellectuelle, morale et religieuse que Dieu y a déposés.

On ne rencontra pas, chez les filles de M. et de Mme Sicard, la crainte servile qui courbe et dessèche sous la poussée obsédante de l'obligation et du châtiment, et qui incline à la dissimulation ; mais, au

---

(1) Cf. *Pièces justificatives*, II et III.

contraire, la belle et suave liberté des enfants de Dieu qui s'épanouit en respectueuse et confiante affection.

Léonie hérita plus que ses sœurs, semble-il, de ces riches dispositions. Eut-on pour elle des soins particuliers, un attachement de prédilection ? Sa santé, qui fut toujours chancelante, un retour de tendresse plus prompt, des qualités très aimables pourraient le faire supposer. Quand elle parlait de ses parents, c'était toujours avec vénération. Elle avouait souvent avoir craint son père plus que sa mère. Mais l'âme de sa mère, qui avait souffert beaucoup pour s'attacher à Dieu, passa dans la sienne et la marqua de cette bonté forte, avisée, large qui fut l'inspiration de sa vie intime et de son apostolat.

Mère Marie des Anges a raconté plusieurs traits de son enfance dans lesquels on peut voir comme une ébauche de caractère.

En l'absence de Mme Sicard, Léonie, véritable boute-en-train, s'ébattait joyeusement avec ses sœurs. Un jour, pour échapper à Mélanie, son aînée, qui voulait la faire rentrer au logis, notre petite espiègle n'eut rien de plus pressé que d'escalader une échelle dressée contre un grenier à foin, et se cacha au milieu des bottes de fourrage. L'échelle fut retirée. Comment et par qui ? On ne le sut jamais. Mais quand Léonie, heureuse du tour joué à sa sœur, voulut redescendre, le pied lui manqua et elle tomba d'une hauteur de trois à quatre mètres. Les anges, il faut le croire, la soutinrent, car elle devait se briser contre terre. Elle en fut quitte pour la peur qu'elle éprouva et une coupure à la lèvre. Elle n'avoua rien. A sa sœur responsable de l'accident et qui pleurait à chaudes larmes, elle montra la langue à travers la blessure et éclata de rire. Fût-ce pour la narguer ou simplement pour la rassurer ? Pour l'un et l'autre, sans doute, mais surtout pour la rassurer.

Elle avait peur du diable, le soir, quand elle montait certain escalier bien sombre : « Je ne me moque pas de toi ! Je ne me moque pas de toi ! » lui criait-elle dans l'obscurité. Mais dès que, par la porte entr'ouverte, la lumière y projetait ses rayons, elle se retournait, et, d'un petit ton très décidé, elle lançait à l'être invisible et malfaisant ce cri de triomphe : « Maintenant, je me moque de toi ! Je me moque de toi ! »

Ces frayeurs enfantines durèrent peu. Bien vite elle s'entendit à déjouer les ruses du démon, celle qui donnait plus tard à ses filles ce conseil rempli de prudence surnaturelle au sujet de l'ennemi commun « le prince des ténèbres » et le fauteur de tout mal. « Il semble vous tenir, jouez-lui donc un bon tour. Pour le faire partir, mettez à jour toutes ses ruses. Rien ne le fait s'enfuir comme un bon acte d'humilité ; et le meilleur moyen est de dévoiler à qui de droit les vilaines choses dont il essaye de remplir notre imagination. »

Toute jeune, inconsciemment, elle avait contre le démon un recours infaillible. « Je ne savais pas encore a-t-elle avoué, ce qu'était Notre-Seigneur dans l'Eucharistie, que je me sentais attirée vers Lui quand je passais devant une église. J'éprouvais alors dans tout mon être qu'il y avait là quelque chose qui n'était pas de la terre ! »

Sainte petite âme ! tout lui paraissait bon, attrayant dans la maison de Dieu, même le confessionnal ! Sa première confession fut un événement. Le désir lui en vint à l'âge de quatre ans ! Ses parents s'y refusèrent d'abord ; mais elle s'y prit si bien que sa mère finit par la conduire à Saint-Sernin. Au retour, M. Sicard voulut s'enquérir.

— « Eh bien, lui dit-il, as-tu vu ton confesseur ? » Et l'enfant de lui répondre avec son plus grand sérieux :

— « Non, petit Père, il n'y était pas ! Je n'ai pas eu peur ! » Elle s'était confessée à la grille fermée du confessionnal !

Cette précocité pour le bien permit d'avancer l'heure de sa première Communion. Elle la fit à huit ans.

M. Sicard n'en fut probablement pas le témoin. Il mourut prématurément, et sa femme confia aux Dames de la Présentation l'éducation de ses filles. La pauvre femme se trouva de nouveau en butte au mauvais vouloir des siens. Son frère, devenu tuteur, et, en cette qualité, gérant de la fortune des enfants, commit la grave indélicatesse d'en détourner les fonds pour se les approprier. On persistait à châtier la mère de sa prétendue apostasie.

Mme Sicard, femme forte et chrétienne, confia ses peines à un homme qui commençait d'étonner le Midi par la sainteté de sa vie et ses prédications apostoliques : le Père Marie-Antoine, capucin de Toulouse. Et ce dut être pour elle un singulier réconfort que de s'entendre dire par celui qu'on appelait « le saint de

Toulouse » : « Voir Dieu en tout, l'adorer en tout, l'aimer en tout, dans la souffrance comme dans la joie, et surtout dans la souffrance, ne désirant rien que le bon plaisir de Dieu, et ne craignant rien sinon de l'offenser ; sachant que Dieu gouverne tout, s'élever au-dessus de tous les événements et garder toujours son âme sereine, libre et tranquille : oh ! l'admirable secret pour être heureux ! Que de peines, que d'agitations on s'épargne ! quelle paix délicieuse ! quelle heureuse liberté ! »

L'âme chrétienne, marquée du sceau de la souffrance généreusement acceptée, en devient plus vaillante. L'habitude du sacrifice nous donne un surcroît de vigueur pour avancer dans les voies spirituelles. Ce fut le cas pour Mme Sicard. Sans se plaindre, elle endura toutes les persécutions, et, avec ses filles, elle se livra complètement aux œuvres, toujours sous la direction du Père Marie-Antoine.

Ainsi, en visitant les malades, Léonie acquit la science d'infirmière : science des procédés qui lui permit plus tard de rendre bien des services ; science du cœur qui aime et contribue puissamment à la guérison de l'âme. Elle s'attacha aux pas du « saint de Toulouse » qui en fit un instrument très actif et très précieux pour ses œuvres de miséricorde.

En outre, les vertus du religieux l'impressionnèrent profondément. « C'était un saint », disait-elle souvent en parlant de lui. Sur son lit d'agonie, elle affirma que le Père Marie-Antoine avait une grande puissance sur le Cœur de Dieu. Elle mourut portant sur elle un morceau de sa bure.

Le spectacle de ses vertus eut-il sur Léonie une influence plus décisive ? Comment, à quelle époque lui vint l'idée de la vie religieuse ? Elle ne s'en est jamais ouverte, à notre connaissance. Elle désira le Carmel, mais sa santé toujours frêle fut un obstacle à son entrée chez les filles de Sainte-Thérèse. Elle en garda néanmoins un culte fervent pour la grande Réformatrice.

Entre temps, elle s'occupait de son neveu Hector qui perdit en bas âge sa mère Philippine, décédée subitement.

Mais Dieu, dont la sagesse « conduit toutes choses à leur fin doucement et fortement », se fit de nouveau entendre à sa servante ; et Léonie, en qui ses sœurs remarquaient une piété angélique, se laissa pénétrer par la grâce. Elle s'en ouvrit d'abord au Père Paris, religieux du couvent des Dominicains de Toulouse, qu'elle avait choisi comme directeur de conscience. Celui-ci lui conseilla d'entrer dans le Tiers-Ordre séculier de Saint-Dominique ; ce qu'elle fit le 8 décembre 1863 (1). Elle était âgée de 26 ans.

La grâce la pressant davantage, Léonie découvrit à sa mère la vocation dont elle était l'objet. Mme Sicard, qui redoutait pour sa fille les austérités du cloître, voulut, avant de faire son sacrifice, consulter le médecin de la famille. Le médecin, à son grand étonnement, approuva le projet de Léonie ; il la soutint même contre les résistances de ceux qui l'aimaient et voyaient en elle l'ange du foyer, la compagne insépa-

-----

(1) Cf. *Pièces justificatives*, IV.

rable d'une mère que minait lentement un mal secret. Mais Mme Sicard, courageuse et confiante en Dieu, permit à sa fille de suivre sa vocation, heureuse, après tout, de voir bénies ses souffrances et ses supplications.

Sur les indications de son directeur, Léonie, âgée de 27 ans, entra au couvent des Dominicaines d'Arles, y prit l'habit avec le nom de Sœur Marie des Anges. Son noviciat fut fervent quoique éprouvé par la maladie. Voici ce que le Père Nespoulous, qui prêcha la retraite des Religieuses en 1865, nous en écrivait : « Mère Marie des Anges, novice de voile blanc, se faisait remarquer par sa ferveur, par son esprit religieux, et il me souvient que Mère Prieure m'assurait alors que, sa santé précaire l'obligeant assez fréquemment à s'étendre sur sa couche plusieurs jours, elle l'avait délivrée souvent de son mal en lui commandant de se lever en vertu de la sainte obéissance, tant cette vertu était chère à Sœur Marie des Anges... »

Elle fit sa première profession le 4 février 1865.

La vie religieuse qu'elle avait désirée d'un si grand désir et pour laquelle elle fit taire les plus légitimes et les plus douces affections, ne sembla pas, dès l'abord, apporter à son âme les lumières et la joie qu'elle en attendait. Les premières assises en furent établies dans les larmes, sinon dans les regrets. Elle eut beaucoup à souffrir. Dieu, qui avait sur elle des desseins de miséricorde, la préparait énergiquement à sa mission de Fondatrice de Congrégation, en permettant qu'elle assistât à un spectacle dont elle garda toute sa vie le douloureux souvenir. Elle en parlait rarement, et toujours avec larmes, priant Dieu de protéger ses filles en son Cœur adorable, et de les soustraire au mal qui l'éprouva si durement.

C'est que la vie dominicaine exige de ceux qui l'embrassent une ferveur peu commune. Un des deux éléments qui l'intègrent — contemplation et apostolat — vient-il à faiblir, l'autre en souffre. Est-ce la contemplation soutenue et vivifiée par les observances régulières ? L'apostolat, qui se nourrit de cette vie intérieure, ne se soutient plus ; privé de la sève divine qui lui vient par la contemplation, il ne tarde pas à perdre son efficacité sur les âmes. — Est-ce l'apostolat qui ralentit et s'atrophie dans l'inaction ? La religion dominicaine manque le but que lui assigna, sous l'approbation de l'Eglise, le patriarche Dominique. Il faut donc que l'apôtre dominicain — frère prêcheur ou sœur prêcheresse — ressemble toujours et sans défaillance à Jésus-Christ dont saint Paul nous dit qu'il est comme un vase rempli sans cesse qui se déverse sur les âmes. Le vase qu'est l'âme apostolique se remplit de Dieu durant les heures saintes de la contemplation et de la pénitence ; son contenu se déverse naturellement dès que l'on descend du Thabor, pour l'apostolat, dans « les plaines couvertes d'ossements desséchés. » Que le religieux cesse de contempler, il lui devient difficile, sinon impossible, de livrer Dieu aux âmes ; qu'il reste sur le Thabor, il ne marche plus à la suite du Maître, et manque son but ; sa vie religieuse n'a plus d'autre raison d'être que sa propre perfection. Et par apostolat nous entendons aussi bien la prière que les contemplatifs purs offrent à Dieu pour le salut des âmes, que la prédication, l'enseignement ou toute œuvre de miséricorde intégrant la vie apostolique proprement dite.

Or saint Dominique a voulu que la vie transmise par lui à ses fils et à ses filles se déverse sur les pauvres pécheurs : c'est la puissante et féconde caractéristique de son œuvre. « Contemplata aliis tradere », livrer aux autres le Dieu contemplé et aimé : formule vivante et efficace, parce qu'elle trouva sa pleine et divine réalisation en Jésus-Christ qui se reposait des labeurs de l'apostolat « en priant son Père pendant la nuit. »

Que cette vie d'apôtre ne connaisse pas la médiocrité, on le conçoit. Peut-on, en effet, posséder en soi et donner aux âmes un Dieu fait sur mesure et taillé selon nos caprices, un Dieu diminué ou défiguré par les passions humaines : monstruosité dans l'ordre mystique comme dans tout apostolat ! Dieu ne se raccourcit pas de la sorte. Nous le tenons de l'Eglise de Jésus-Christ, interprète authentique et gardienne du dépôt de la Révélation. On le possède et on le donne tout entier, ou bien, on ne le possède pas, et l'on demeure incapable de l'insuffler aux âmes. Et voilà pourquoi l'Ordre de Saint-Dominique, ordre essentiellement apostolique, n'a jamais connu, dans son histoire, la médiocrité. Ce fut une grande ferveur ou bien la décadence. Dieu merci ! dans son ensemble il n'eut jamais besoin de réforme. De ce vieux tronc, malgré les vicissitudes des temps, les révolutions, les persécutions, monte toujours, pour vivifier les rameaux, une sève vigoureuse. Qu'il y ait eu, dans son sein, des défaillances, on ne peut s'en étonner ; mais ces défaillances, limitées à une province ou à un couvent, ne s'étendirent jamais à l'Ordre tout entier.

Le couvent d'Arles fut dans ce cas.

Le Père Nespoulous ajoute : « Malgré sa ferveur et, sans doute, à cause d'elle, la novice ne se trouvait pas à l'aise dans ce couvent ; elle aspirait à une vie moins irrégulière, et je ne pouvais l'en blâmer, car tout n'était pas à approuver dans la maison d'Arles. »

Pour le régénérer, Mgr Desprez, archevêque de Toulouse, proposa à Mgr Guerrin d'offrir ce couvent à la Communauté si fervente de Langres (1). Ces démarches ne purent aboutir. Sœur Marie des Anges, qui, sur les instances de la Maîtresse des Novices, était devenue Sous-Prieure, essaya, en relevant courageusement les abus, de ramener la régularité. Les éléments firent défaut à sa bonne volonté et rien ne put arrêter la décadence. Il fallut fermer la maison.

La Prieure se retira au diocèse d'Avignon où elle fonda le couvent de Mazan avec les sœurs d'Arles qui l'avaient suivie. Quant à Sœur Marie des Anges, elle demeura quelque temps à Arles pour liquider les affaires du couvent, puis rejoignit les sœurs à Mazan.

A cette époque commence la « *Chronique des Dominicaines du Sacré-Cœur.* » Mère Marie des Anges, s'aidant de souvenirs très précis, la dicta à sa secrétaire d'Hardinghen. Elle débute ainsi :

« Pour la gloire du Sacré-Cœur de Jésus, pour la

---

(1) *Le Monastère des Dominicaines de Langres* (1620-1680), par le P. Ceslas. Bayonne, O. P., 2ᵉ partie.

satisfaction des sœurs qui viendront après nous, et surtout par obéissance, je vais consigner ici les principaux faits qui se rattachent à notre existenc, et les grâces particulières par lesquelles le Sacré-Cœur de Jésus nous a montré sa miséricordieuse protection. »

En effet, cette Chronique est un acte de reconnaissance envers le Cœur de Jésus qui, par sa bonté, avait envahi, pour n'en plus sortir, l'âme tout entière et la vie apostolique de Mère Marie des Anges. A travers les faits simplement racontés, on peut suivre « les ascensions disposées » dans cette âme de religieuse et dans l'œuvre qu'elle a fondée sur l'amour de Dieu. A ce titre, la « *Chronique des Dominicaines du Sacré-Cœur* » est un document précieux auquel nous ferons de larges emprunts pour dresser en pied le portrait de l'humble « Servante du Sacré-Cœur. »

Or sur son séjour au couvent de Mazan, Mère Marie des Anges s'exprime ainsi :

« Ignorante des voies secrètes de la Providence sur nous, et nous trouvant dans une communauté qui touchait à sa ruine, nous gémissions en secret devant Dieu sur les abus contre lesquels nous ne pouvions lutter, et sans cesse nous demandions au divin Maître de nous procurer les moyens de suivre en paix notre sainte vocation sous la Règle que nous avions embrassée. »

Ces abus sont laissés dans l'ombre. M. l'abbé Dumas, curé de Carpentras et supérieur canonique de la communauté de Mazan, gémit sur la situation déplorable des religieuses tout en faisant d'inutiles efforts pour y remédier.

« Il ne négligea rien pour réformer les abus. Malheureusement son zèle se heurta contre des volontés rebelles. »

Abus contre la Pauvreté et la Règle, et, devant les essais de réforme, mauvaise volonté, descente vers la ruine : tel était, à cette époque, le bilan moral et religieux du couvent de Mazan. Et il ne dépendit aucunement de Sœur Marie des Anges que cette communauté ne devînt meilleure.

Si l'on se reporte aux actes consignés dans la Chronique, aux quelques lettres bien suggestives que lui adressa M. l'abbé Dumas, on se convaincra facilement de la vérité du témoignage que lui rendirent spontanément ses premières compagnes, venues comme elle de Mazan : elle y fut toujours une fervente religieuse. Malgré une santé précaire, elle se livrait de grand cœur à toutes les austérités de la Règle dominicaine, et à la petite œuvre annexée au couvent. Elle dut prendre certaines dispenses que réclamait son état ; elle en souffrait beaucoup. Mais le bon et judicieux M. Dumas, pour ménager sa santé et lui permettre de faire plus de bien, lui imposa d'office les dispenses nécessaires.

« Vous attendez de moi quelques paroles de consolation, lui écrit-il le 14 août 1875, et je viens vous donner des ordres. Ma chère Sœur, je vous ordonne

de soigner votre santé et, pour cela, je vous dispense
de tous les points de la Règle qui pourraient la compromettre. Je vous dispense, entre autres, du chœur
et même de l'office en particulier. Prenez tous les
adoucissements que réclame votre état. Et si vous
avez besoin de quelque argent pour acheter quelque
chose que ne vous donnerait pas la Prieure, je vous
ordonne de me le demander. »

Sœur Marie des Anges fut toujours d'une santé très
délicate. Déjà, à Toulouse, quand elle jeûnait et faisait abstinence, durant tout le Carême, Mme Sicard
était dans les transes. Mais a-t-on jamais raison du
désir qu'ont les saints de prouver à Dieu leur amour
par tous les moyens laissés à leur disposition ? Et il y
eut, pour Sœur Marie des Anges, tant de ces divines
occasions !

Ce fut la mort de sa mère qui succomba peu d'années après l'entrée à Mazan de cette fille dont le
départ, bien que religieusement accepté, lui avait
déchiré le cœur. Ce fut la mort successive de ses
sœurs, toutes frappées inopinément. A chacun de ces
deuils, Sœur Marie des Anges pleurait et bénissait la
main divine qui s'appesantissait sur elle. Ce fut encore, et surtout, la solitude morale dans une communauté qui ne la supportait qu'à grand'peine.

Au milieu de ces pénibles déboires et de ces souffrances intimes, le Cœur de Jésus se manifesta à son
humble et fidèle servante, car la souffrance chrétiennement supportée est toujours l'heure de Dieu. Quand
la nature, broyée sous le pressoir de la justice et de
la miséricorde, comprend son néant et son incapacité

radicale à travailler efficacement aux œuvres divines sans le secours d'En-Haut ; quand cette conviction engendre une confiance absolue en la Sagesse souveraine qui préside à nos destinées, et l'abandon total à la volonté du Père céleste, Dieu est tout près, il est dans l'âme pour éclairer, fortifier et donner à notre vie un vigoureux élan. C'est l'histoire de tous ces êtres privilégiés que Dieu prédestine à l'apostolat.

Or la vocation de Mère Marie des Anges était de fonder une œuvre affiliée à l'Ordre de Saint-Dominique et placée sous le vocable du Sacré-Cœur de Jésus : œuvre de sacrifice et de réparation qui exigeait, au préalable, de sa Fondatrice qu'elle y fut préparée par des souffrances multiples et crucifiantes.

« Après sept années de prières, de souffrances intimes, je me sentis, un jour, soudainement inspirée de m'adresser au Sacré-Cœur de Jésus. Dans notre couvent de Mazan, nous n'avions qu'une seule pauvre statue du Sacré-Cœur ; elle était placée au chœur, tout près de la place que j'occupais ordinairement. J'obtins la permission d'entretenir à ses pieds deux petits vases de fleurs que je renouvelais tous les jours avec un bonheur extrême. C'était le seul culte extérieur qu'il m'était permis de rendre à ce Cœur adorable ; mais mon âme s'épanchait à ses pieds dans une prière presque incessante. Aux prières de règle, j'ajoutais, en mon particulier, la récitation du Petit Office du Sacré-Cœur, en français. J'aimais cette prière, je sentais qu'elle serait notre planche de salut. »

Le culte du Sacré-Cœur entrait ainsi d'une façon positive dans la vie de Mère Marie des Anges. Le Cœur de Jésus serait désormais son refuge habituel contre les coups de l'ennemi ; son conseil dans les affaires graves, souvent désespérées au point de vue humain. Elle trouvera en lui, avec la chaude et pénétrante lumière du soleil de justice, la paix, le calme, la sécurité, la force. Cette révélation de l'amour de Dieu par le Cœur de son divin Fils projeta sur la route de Mère Marie des Anges une lumière décisive : elle se vouerait au culte du Sacré-Cœur et travaillerait de toutes ses forces au rayonnement de ce culte sous la forme spéciale que la Providence lui indiquerait.

Or la Providence ne tarda guère à lui manifester ses intentions.

Vers la Saint-Dominique de 1875, vinrent à Mazan, pour un essai de réforme, deux religieuses dominicaines qui déjà, et sur la demande de Mgr Caverot, avaient quitté Langres pour réformer le couvent de Mirecourt, dans le diocèse de Saint-Dié. La « *Chronique* » relate cette visite que Dieu ménageait à Sœur Marie des Anges en vue de l'œuvre qu'il l'appelait à fonder.

« Nous reçûmes la visite de la Révérende Mère Saint-Michel, Prieure du couvent des Dominicaines de Mirecourt, et de Sœur Saint-François de Sales, Maîtresse des Novices du même couvent ; toutes deux, d'un mérite supérieur, appartenant au couvent de Langres qui les avait prêtées à Mirecourt pour rétablir la régularité. »

M. le chanoine Dumas en écrit, le 16 août 1875, à
Sœur Marie des Anges : « Ce matin, j'ai pu voir et
bénir Sœur Saint-François de Sales et sa compagne.
Quelle femme admirable ! Quel trésor de grâce et de
vertu ! Comme elle vous aime et combien elle vou-
drait vous faire du bien ! »

Mère Marie des Anges en dit autant :

« Le séjour de nos Mères au milieu de nous fut un
des moyens dont le Sacré-Cœur se servit pour affermir ma confiance. Ma sœur Saint-François de Sales,
surtout, me fit beaucoup de bien. »

Ces trois femmes admirables, désireuses de procurer la gloire de Dieu, incapables d'aucune défaillance dans leur foi et leur amour du bien, se concer-
tèrent, et de ce conseil surgit la pensée d'un dévouement commun à la même œuvre.

Les deux sœurs de Mirecourt étaient convaincues
de l'inutilité de leurs efforts pour la réforme du couvent de Mazan ; de son côté, Sœur Marie des Anges
voulait à tout prix sauvegarder l'intégrité de sa vie
religieuse. Elle ne le pouvait pas à Mazan ; et, comme,
chez elle, l'idée d'abriter sa vie sous les auspices du
Sacré-Cœur avait fait du chemin ; qu'elle ne réali-
serait cette idée qu'en fondant une œuvre distincte et
nettement caractérisée, elle s'en ouvrit simplement
aux sœurs de Mirecourt qui l'approuvèrent avec empressement. Dès que la volonté de Dieu lui devien-
drait manifeste, Sœur Marie des Anges quitterait
Mazan avec les quelques religieuses demeurées fer-

ventes, et organiserait une Communauté dominicaine vouée au culte du Sacré-Cœur.

Ce projet, conçu comme prudemment réalisable, Sœur Marie des Anges voulut lui donner, au moins pour elle-même, un commencement d'exécution. Profondément reconnaissante envers le Sacré-Cœur de Jésus qui, d'une façon spéciale, lui avait révélé son amour, décidée à lui consacrer toute sa vie, avec la belle confiance des saints dans l'avenir, elle fit un vœu le 4 août 1875, en la fête de Saint-Dominique :

« En présence de l'auguste Trinité, de la Très Sainte
« Vierge, de mon bon ange gardien, de notre Bien-
« heureux Père Saint-Dominique, de notre séra-
« phique Mère Sainte-Catherine de Sienne, de toute
« la Cour céleste, moi, Sœur Marie des Anges, pro-
« mets par vœu au Sacré-Cœur de Jésus, si la bonté
« divine sauve notre communauté de la ruine qui la
« menace, ou tout au moins s'Il nous ouvre un asile
« où nous puissions vivre et travailler pour sa gloire,
« sous la Règle que nous avons embrassée :
« 1° de travailler de tout mon pouvoir et jusqu'à
« mon dernier soupir à propager sa douce dévotion :
« 2° de lui dédier notre monastère et de donner à
« la communauté le nom de « Dominicaines du Sacré-
« Cœur. » Comme marque de cette consécration,
« notre premier soin sera d'élever un autel au Sacré-
« Cœur et d'exposer sa statue à l'amour, à la véné-
« ration publique, et de placer son image dans tous
« les appartements de la maison ;
« 3° de solliciter l'autorisation d'avoir le Très Saint-

« Sacrement exposé tous les premiers vendredis du
« mois, et de faire, ce jour-là, pendant trois ans, une
« procession en l'honneur du Sacré-Cœur ;
   « 4° de faire, autant que mes Supérieurs me le
« permettront, une communion par semaine en
« action de grâces et d'engager les sœurs qui com-
« poseront la communauté à faire cinq communions
« à cette même intention ;
   « 5° la première Novice admise au Saint Habit por-
« tera le nom de Marie du Sacré-Cœur ;
   « l'œuvre qui nous sera confiée sera placée sous la
« protection du Sacré-Cœur.
   « O Jésus, mon unique amour, j'espère en Vous,
« que mon esprit ne soit pas confondu. Je compte sur
« votre bonté pour avoir les moyens d'accomplir le
« vœu que je viens de formuler, avec la permission
« de mon supérieur. Vivez dans le cœur de votre
« indigne servante, mon Jésus ; glorifiez-vous en moi
« et par moi, selon votre bon plaisir, et agréez le
« sacrifice entier que je vous fais de moi-même, en
« m'abîmant pour toujours dans l'océan de votre
« infinie miséricorde. Ainsi soit-il.
                    « Sœur MARIE DES ANGES. »

Cette formule est ainsi contresignée par Sœur
Saint-François de Sales :
   « Moi, Sœur Saint-François de Sales, m'engage :
   « 1° à aider de tout mon pauvre petit pouvoir le
« monastère du Sacré-Cœur ;
   « 2° à communier une fois par semaine en action
« de grâces, le vendredi de préférence ;

« 3° à faire dire trois messes pour les âmes du
« Purgatoire ;

« 4° à réclamer cinq communions de chacune de
« nos sœurs du Noviciat de Mirecourt, le tout avec
« permission et autorisation de nos Supérieurs. »

En fille de Dieu humble et prudente, Sœur Marie
des Anges soumit son vœu à l'approbation de M. le
chanoine Dumas, son supérieur canonique, et celui-
ci, le 16 août 1875, lui répondit :

« J'approuve bien le vœu que vous avez fait avec
la Sœur Saint-François. Je le mettrai pendant quelques jours sous le corporal, et puis, je vous le rendrai.
Le Cœur de Jésus vous sauvera. »

Le vœu de Sœur Marie des Anges est subordonné
à une condition : le salut de la communauté de Mazan, ou au moins de la partie fervente de la communauté. Ceci prouve le désir vrai qu'elle avait du règne
de Dieu en des âmes qui, malgré tout, lui étaient
chères. Si donc, comme nous le verrons, elle se sépara
de Mazan, ce fut uniquement parce qu'elle ne pouvait
y vivre sérieusement sa vie religieuse ; et qu'en définitive Dieu, dont les vues nous échappent, la voulait
ailleurs.

Sœur Marie des Anges prévoit l'éventualité d'une
dispersion nécessaire, et, dans ce cas, elle met à son
vœu une condition qui laisse libre champ à l'action
divine : « s'Il nous ouvre un asile où nous puissions
vivre et travailler pour sa gloire sous la Règle que
nous avons embrassée. » Dieu reste bien le maître de
cette âme qui veut être fidèle à sa profession reli-

gieuse, et supplie le Cœur de Jésus de l'y aider en lui en assurant les moyens.

Elle pose alors les assises de l'œuvre du Sacré-Cœur. Elle ne songe pas encore à une Congrégation régulière ; c'est un monastère qu'elle a en vue, et qu'elle placera sous le vocable du Sacré-Cœur de Jésus. Mais, dans ce monastère, on mènera la vie dominicaine dans toute sa plénitude ; cette vie sera imprégnée dans son fond par le culte du Sacré-Cœur : le nom des sœurs qui formeront la communauté ; la place d'honneur accordée à la statue et à l'image du Sacré-Cœur ; l'adoration du Saint-Sacrement tous les premiers vendredis du mois ; la communion réparatrice ; il n'y a pas jusqu'au nom donné à la première novice, qui ne caractérise de façon très nette et très positive l'idée que se fit alors Sœur Marie des Anges d'une religieuse dominicaine vouée au Sacré-Cœur de Jésus. Cette idée personnelle, l'humble religieuse la soumet absolument au jugement de l'Eglise. Il faut donc voir dans cette démarche faite par Sœur Marie des Anges auprès du Cœur de Dieu les notes d'une inspiration surnaturelle, condition nécessaire du succès dans les œuvres entreprises pour le salut des âmes et la gloire de Dieu.

La suscription de Sœur Saint-François de Sales et l'approbation de M. Dumas montrent qu'il y avait entente entre ces belles âmes dont l'unique souci était l'accomplissement du devoir sous toutes ses formes.

Et puis, le culte du Sacré-Cœur introduit si pratiquement dans la vie dominicaine, avait de quoi séduire à cette époque où, sous l'impulsion d'apôtres comme le Père Jandel, ce culte prenait en France un essor qui a été toujours grandissant (1). On ne s'étonna donc pas de voir une religieuse, conduite par l'esprit de Dieu, abriter, dans le Cœur de Jésus, sa vie et l'œuvre qu'elle pressent pour l'avenir.

Cette œuvre sera en même temps contemplative et active ; et l'activité apostolique des sœurs sera placée aussi sous la protection effective du Sacré-Cœur. Cette pensée correspond au désir exprimé plus haut, dans la formule du vœu : « s'Il nous ouvre un asile où nous puissions vivre et travailler pour sa gloire. » Qui n'entrevoit les perspectives merveilleuses ouvertes par cette idée d'évangéliser les âmes sous l'égide de la « Vérité » qui brille au blason de l'Ordre de Saint-Dominique, et par l'amour divin dont le Cœur de Jésus est l'emblême sacré ? Lumière et amour, les deux pôles de toute vie, assurés par l'éducation donnée sous de tels auspices !

Peut-être bien que Sœur Marie des Anges, en 1875, ne se disait pas explicitement tout cela. Elle a fait mieux depuis : elle l'a réalisé ! Son vœu s'accomplit

---

(1) Le Père Jandel favorisa de tout son pouvoir l'accroissement de la dévotion au Sacré-Cœur de Jésus. C'est à lui que l'on doit la première bénédiction donnée par Pie IX à l'église votive de Montmartre.

A la même époque, et comme général des Dominicains, il consacrait tout l'Ordre au Cœur de Jésus.

Par une circulaire, datée du 7 mars 1872, il demandait aux Frères et aux Sœurs de ratifier cette offrande. « Les religieux et les religieuses de l'Ordre, dit le Père Cormier, exécutèrent fidèlement ces désirs de leur Père. »

(*Vie du Révérendissime Père A. Vincent Jandel*, par le Père Cormier, L. VI, ch. III).

de point en point dans sa teneur et les promesses qu'il renferme. Ce programme, ébauché dans ses grandes lignes, à Mazan, est devenu une réalité. La suite de cette histoire nous en convaincra.

L'émission de son vœu au Sacré-Cœur de Jésus causa à Sœur Marie des Anges une joie profonde et durable.

« Je ne puis penser, sans éprouver une infinie reconnaissance, au bonheur intime, à la paix profonde qui se répandit dans mon âme après que j'eus fait ce vœu ; il fait encore ma plus douce consolation ; et dans mes peines, mes difficultés, je le renouvelle pour m'encourager... » (1).

Cette paix et ce bonheur ne sont-ils pas la conséquence naturelle de tout don plénier de soi à Dieu ? En retour, Dieu infuse une lumière douce et pénétrante : on voit plus clair dans sa vie ; on ne craint plus de s'égarer. Des hauteurs où l'on s'est élevé sur les ailes de l'amour divin, on aperçoit les tenants et aboutissants des choses, on se rend mieux compte de la marche des événements, de la sagesse qui préside à nos destinées. Là, tout près de Dieu, on respire plus largement et plus profondément ; les grâces affluent en abondance dans l'âme, la gonflent d'une sève plus vigoureuse ; et l'âme s'épanouit en fleurs merveilleuses de blancheur et de pureté, en fruits savoureux. C'est la paix qui dépasse tout sens humain, inaltérable et béatifiante. Alors il fait si bon de goûter combien le Seigneur est doux !

---

(1) *Chronique*, p. 8.

Ce bonheur intime permit à Sœur Marie des Anges de supporter en silence et sans indignation les dernières misères de son séjour au couvent de Mazan.

La présence de la Prieure et de la Maîtresse des Novices de Mirecourt n'avait pu opérer dans la communauté l'amélioration qu'on en attendait. Elle contribua plutôt à mettre en relief le relâchement de personnes chez qui l'habit seul rappelait la vie religieuse. Aussi la Mère Saint-Michel et la Sœur Saint-François de Sales regagnèrent-elles tristement leur couvent, en confiant à Sœur Marie des Anges leur espérance de la revoir bientôt ; car elles estimaient que le couvent de Mazan subirait sous peu le triste sort de la maison d'Arles.

M. le chanoine Dumas songeait aussi à l'éventualité d'une dispersion, et il conseillait dans ce sens sa fille spirituelle. Il voyait dans son départ de Mazan un moindre mal.

« Ce qui peut vous arriver de pire à vous, lui écrivait-il, peu de temps après l'émission de son vœu, c'est d'être obligée de chercher un asile momentané à Mirecourt. Qu'y perdriez-vous ? Vous seriez reçue à bras ouverts par toutes les religieuses. Vous vous y reposeriez en attendant que la Providence dispose de vous d'une autre manière. Tenez-vous donc en paix... »

Sur ces entrefaites, M. l'abbé Senneville, curé de Brebières, dans le diocèse d'Arras, écrivit à la Prieure de Mazan que, dans un voyage, on lui avait représentée comme pouvant répondre au désir qu'il lui exprimait. Il la priait donc de lui envoyer quelques religieuses pour la fondation, dans sa paroisse, d'une école d'enfants pauvres. La Prieure de Mazan accéda à sa demande et prépara pour Brebières des sujets de son choix. Mais Mgr Dubreuil, archevêque d'Avignon, leur refusa les lettres testimoniales qu'exigeait d'elles Mgr Lequette, évêque d'Arras.

Ce refus, se doublant d'une improbation et d'un blâme pour la conduite relâchée des religieuses de Mazan, fut très sensible à la Prieure qui ne put, dans la suite, faire taire le ressentiment qu'elle en éprouva ; surtout quand l'archevêque d'Avignon, conseillé en ceci par le chanoine Dumas, désigna pour l'œuvre de Brebières Sœur Marie des Anges et quatre religieuses formant la partie saine de la communauté.

Mr le chanoine Dumas avait vu, dans la démarche du curé de Brebières, une indication de la Providence au sujet de Sœur Marie des Anges, et, l'archevêque d'Avignon, n'approuvant pas le choix de la Prieure de Mazan, il s'était empressé de la proposer. Et cependant celle-ci prend peur :

« Cette entreprise, avoue-t-elle, me semblait fort difficile, parce que je me sentais tout à fait incapable de la mener à bonne fin, et que, ni moi, ni aucune de mes sœurs, qui devaient m'être adjointes, n'avions le brevet de capacité nécessaire pour ouvrir l'école de Brebières » (1).

Son supérieur calma ses scrupules en lui disant que « cette demande de M. le Curé de Brebières était une lumière qui ouvrait la voie à l'accomplissement de (son) vœu au Sacré-Cœur » (2).

------

(1) *Chronique*, p. 7.
(2) *Chronique*, p. 7.

Cela suffit à la raffermir et elle se reprit à espérer. « D'un autre côté, je sentais que le Sacré-Cœur de Jésus conduisait cette affaire et qu'Il me demandait de lui en confier tout le soin. Je m'abandonnais donc à sa divine conduite et à celle de mes supérieurs ecclésiastiques... » (1).

Il fut entendu que Sœur Marie des Anges se rendrait au couvent de Mirecourt pour « se préparer à correspondre aux desseins de la Providence et aussi pour obtenir aide et appui (2).

Elle quitta Mazan, le cœur rempli d'amertume. On n'avait pu cacher le dépit de n'être pas approuvé en haut lieu et l'on faisait paraître « cette sorte de malignité qui s'attaque à tout ce qui est droit et bon. » On commit des injustices vis-à-vis de celles que Dieu destinait à la fondation de Brebières et nous verrons bientôt qu'on leur mesura tout et qu'on ne leur donna même pas le nécessaire pour le voyage et la première installation !

Sœur Marie des Anges se rendit d'abord à Toulouse, chez sa sœur Mélanie, devenue Mme Oulier. Elle y revit son cher Hector, et essaya de refaire ses forces épuisées par de continuelles souffrances. Elle crachait le sang. Durant son séjour à Mazan, M. le chanoine Dumas l'avait envoyée dans un couvent d'Auvergne y faire une cure d'air, mais la maladie de poitrine ne céda que pour reprendre bientôt. Mme Oulier lui prodigua ses soins, ce qui permit à Sœur Marie des Anges

____

(1) *Chronique*, p. 8.
(2) *Chronique*, p. 8.

de se livrer, chez elle, aux saintes austérités de la Règle.

A la fin de novembre 1875, Sœur Marie des Anges quitta Toulouse pour se rendre à Mirecourt.

« Là, je retrouvai en Mère Saint-Michel et en ma Sœur Saint-François de Sales de vraies mères qui me firent sentir tout ce qu'il y avait de doux dans la charité fraternelle... » (1).

On s'entretint de Mazan, bien près de la ruine morale et financière ; du chanoine Dumas, au jugement si droit et si ferme, aux vues si surnaturelles, au dévouement si cordial. Le projet d'une fondation placée sous le vocable du Sacré-Cœur de Jésus fut soumis à un examen plus attentif.

« Ce fut du couvent de Mirecourt que j'entrai en rapport avec M. l'abbé Senneville, curé de Brebières... » (2). Cette correspondance visait surtout l'organisation de l'œuvre projetée, c'est-à-dire une école primaire libre tenue par des religieuses, dont la titulaire, au moins, devait être brevetée. Or Sœur Marie des Anges, ni aucune des Sœurs qui devaient l'accompagner à Brebières, n'était pourvue du diplôme nécessaire. On songea donc, à Mirecourt, à lui procurer une aide ayant le brevet.

Sœur Saint-François de Sales découvrit dans son noviciat le sujet, et le proposa à Sœur Marie des Anges. Ce sujet devait présenter des ressources puisqu'on se reposait sur lui pour un essai de réforme à

-----

(1) *Chronique*, p. 8.
(2) *Chronique*, p. 8.

Mazan, si la réforme avait été jugée possible. Au cas même, où la réforme à Mirecourt n'aurait pas réussi, la Prieure et la Maîtresse des Novices devaient l'emmener avec elles au couvent de Langres. On l'employait, encore novice, à l'orphelinat tenu par les Sœurs de Mirecourt.

D'une santé aussi délicate que celle de Sœur Marie des Anges, Sœur Marie-Henri, bretonne d'origine, avait, après de bonnes études, passé quelque temps dans le cloître, au diocèse de Coutances. Pour remédier à certaines difficultés, l'Evêque voulut la nommer Prieure de la Communauté, la croyant seule capable de ramener les esprits à l'union. Mais la jeune religieuse, se jugeant, en conscience, incapable de remplir cette charge, affligée par ailleurs d'une santé trop précaire, présenta avec humilité et une fermeté toute bretonne, les motifs qui ne lui permettaient pas de se rendre aux projets de son supérieur canonique.

La dispersion de la Communauté mit fin à une situation qui menaçait de devenir très pénible pour la Sœur. La mère de celle-ci vint la chercher et, se rendant compte par elle-même des soins que réclamait sa santé, elle la fit conduire dans le Midi, à Saint-Maximin, en Provence, où elle séjourna trois ans, et fut dirigée par le Père Cormier, de vénérée mémoire. C'est delà qu'elle entra au noviciat de Mirecourt, où elle prit l'habit le 28 août 1874.

Quand elle vit Sœur Marie des Anges, un instinct secret l'avertit que cette religieuse, à l'air malingre, au regard clair et profond, entrerait dans sa vie.

Jalouse de son indépendance intime, elle voulut

échapper à cette emprise et commença par l'éviter.
Ses petits élèves de l'Orphelinat, dont elle était aimée,
et qui, avec ce merveilleux instinct de l'enfance, se
doutaient qu'on pouvait la leur enlever, conçurent
pour Sœur Marie des Anges une antipathie irrai-
sonnée, mais tenace, qui les porta à supplier Dieu de
l'éloigner bien vite.

Cependant ces deux belles âmes, que la Providence
rapprochait visiblement pour la même œuvre, eurent
ensemble un entretien ; Sœur Marie des Anges exposa
ses projets à Sœur Marie-Henri ; lui parla de la dévotion au Sacré-Cœur, et finalement lui demanda si elle
voulait l'aider. Il n'était pas question de s'engager
définitivement, Mirecourt ne faisant que la prêter.
Sœur Marie-Henri hésitait, non qu'elle ne fût prête
à se dévouer selon l'obéissance, mais l'inconnu l'effrayait ; le culte du Sacré-Cœur ne l'avait pas encore,
comme depuis, saisie dans le vif de l'âme ; son tempérament ne cadrait pas avec celui de Sœur Marie des
Anges. Elle se rendait compte de ces obstacles, et,
comme jadis, au diocèse de Coutances, elle regimbait.

Sœur Marie des Anges, qui la jugeait avoir « une
vocation solide, un esprit vraiment religieux » (1) eut
raison des hésitations de Sœur Marie-Henri. Elles se
rapprochèrent toutes deux par ce côté commun : la
vaillance en face des sacrifices exigés par le devoir.
Sœur Marie-Henri ressemblait un peu à ce serviteur
dont Jésus-Christ nous dit qu'il commença par refuser
à son maître d'aller où il l'envoyait, mais qu'il y alla

---

(1) *Chronique*, p. 8.

ensuite. Il valait mieux certainement que l'autre qui promit d'obéir, mais n'en fit rien ! En réunissant ces deux femmes, différentes de caractère, mais au grand cœur, Dieu prouva une fois de plus que sa grâce réussit à fondre, sous les ardeurs de son amour, les éléments les plus divers et les moins faits pour se rencontrer. Les divergences naturelles s'atténuent peu à peu ; l'esprit de foi soulève les âmes sincères, généreuses et les unit fortement dans le Cœur de Dieu. Sœur Marie-Henri pressentit en Sœur Marie des Anges l'instrument de la Providence pour une œuvre dont elle ne se rendait pas bien compte, mais qui lui apparaissait déjà comme devant être l'œuvre de Dieu. Elle entra dans ses vues, et il fut décidé qu'elle partirait pour Brebières et prendrait la direction de l'école.

Une jeune fille, Victorine Dardinier, familière du couvent, « qui semblait avoir des aptitudes pour la direction d'une salle d'asile » (1), présentée par Mère Saint-Michel, s'adjoignit à Sœur Marie des Anges et à Sœur Marie-Henri.

Ainsi donc, venues de Toulouse et de Rennes, du Midi et de la Bretagne, providentiellement réunies, se rencontraient dans une petite ville des Vosges, les ouvrières de la première heure pour la vigne que Dieu leur destinait.

Un télégramme, venu de Carpentras, enjoignait à Sœur Marie des Anges de partir pour Brebières. M^r le chanoine Dumas annonçait en même temps que

______

(1) *Chronique*, p. 8.

Mgr Dubreuil était bien disposé. Les renseignements fournis tournaient en faveur de Sœur Marie des Anges que l'on jugeait « animée de l'esprit de son état, intelligente, prudente et propre à la fondation d'un orphelinat et de toute œuvre de ce genre. »

L'évêque d'Arras, Mgr Lequette, prévenu aussi favorablement, réservait le meilleur accueil à la petite colonie. Le Père Faucillon, alors Provincial des Dominicains de la province de France, à qui Sœur Marie des Anges avait demandé la permission de fonder sur le territoire de la Province, avait autorisé et béni la fondation avec beaucoup de bienveillance.

CHAPITRE II

BREBIÈRES ET CALAIS - NORD

*De Mirecourt à Brebières. — Premières épreuves. — L'école
et le soin des malades. — Institution canonique du couvent.
La première fête du Sacré-Cœur. — Clifton-Brebières. —
Le Sacré-Cœur trésorier des Sœurs. — Marœuil. — Maladie
de Mère Marie des Anges. — Départ de M. Senneville. — Nouvelles épreuves. — Calais-Nord. — Fermeture de Brebières.*

1876-1879

La « *Chronique* » raconte le voyage de Mirecourt à
Brebières, l'installation, les incidents pénibles et
joyeux de la fondation. Nous la suivrons pas à pas
dans notre récit pour ne rien perdre du charme que
nous présente l'évocation de ces souvenirs chers à
toutes les filles et aux amis de Mère Marie des Anges.

Or pour le voyage de Mirecourt à Brebières on
manquait de tout. Sœur Marie des Anges pria
M. l'abbé Senneville de lui envoyer 200 francs : « ce
qu'il fit charitablement. »

La Fondatrice inaugurait son œuvre sur le terrain
ferme de la pauvreté, avec une confiance en Dieu que
seul peut expliquer son grand esprit de foi, cet esprit
dont Jésus-Christ a dit : « Si vous aviez la foi, vous
diriez à cette montagne : transporte-toi là et elle s'y
transporterait ! »

Ce fut tout le système financier de Mère Marie des Anges. Elle institua, une fois pour toutes, comme trésorier de son œuvre, le Sacré-Cœur de Jésus à qui, dans sa simplicité de servante dévouée, elle répéta souvent : Faites honneur à vos affaires !

Et le divin Trésorier fit toujours bien les choses !

Brebières est un petit village du Pas-de-Calais que traverse dans toute sa longueur la voie ferrée d'Arras à Douai, et que desservait alors la station de Vitry-en-Artois. Pour y parvenir de Mirecourt, il fallait voyager en voiture jusqu'à Charmes ; en train de Charmes à Nancy, de Nancy à Paris et de Paris à Vitry. On était en janvier et il faisait un froid rigoureux.

Mais laissons parler Sœur Marie des Anges :

« Ma Sœur Saint-François de Sales et les novices du couvent de Mirecourt nous accompagnèrent jusqu'à la voiture qui devait nous conduire à Charmes, station de chemin de fer pour Nancy. Les adieux furent bien fraternels, bien affectueux de part et d'autre : on essuya des larmes en se disant : « au revoir. » Sœur Marie-Henri était particulièrement triste de quitter son cher noviciat pour aller dans un pays inconnu, pour une mission qui, malgré tout, l'effrayait. Victorine était très gaie ; moi, j'étais sérieusement préoccupée. Je sentais le besoin d'invoquer le Sacré-Cœur et de me confier en sa miséricordieuse Providence. Nous récitâmes ensemble quelques prières pour mettre le voyage sous la protection du Cœur de Jésus, de la Très Sainte Vierge, de saint Joseph, de saint Dominique, de sainte Catherine de Sienne et des saints Anges.

« Il faisait très froid, le trajet entre Mirecourt et Charmes fut fatigant pour Sœur Marie-Henri et pour moi. A Charmes nous reprîmes un peu vie et nous attendîmes le train qui devait nous conduire à Nancy où nous arrivâmes à 7 heures du soir. Le trajet entre Nancy et Paris fut égayé par la bonne humeur de Victorine et quelques incidents de voyage. La pensée du Sacré-Cœur et quelques courtes prières nous aidèrent à passer la nuit sans trop de fatigue.

« A 4 heures du matin, nous arrivâmes à Paris, et nous nous fîmes conduire à un hôtel non loin de la gare. On nous introduisit dans un petit salon où nous nous crûmes seules. Pendant qu'on nous préparait à déjeuner, nous essayâmes de réciter le Saint Office en chœur, mais à peine avions-nous commencé qu'un ronflement sonore se fit entendre et nous mit dans l'impossibilité de continuer notre psalmodie. Nous en cherchâmes l'auteur ; là-bas, dans l'ombre, étendu sur un canapé, un brave homme dormait d'un sommeil profond. Nos rires ne le réveillèrent pas...

« A 7 heures, nous fîmes une pieuse halte en l'église Saint-Vincent de Paul et assistâmes à la messe. Puis, nous allâmes chez Bouasse-Lebel acheter une petite statue du Sacré-Cœur et une autre de « Mater admirabilis. » Le Sacré-Cœur de Jésus fut, dès lors, notre premier supérieur, et la Très Sainte Vierge, notre première Prieure. Nos âmes étaient remplies d'espérance ; nous sentions que Jésus et Marie allaient être les Fondateurs d'une œuvre qui procurerait leur gloire, et ce sentiment nous faisait marcher sans crainte, appuyées sur la douce Providence du Cœur de Jésus.

« Avant de quitter Paris, il fallut acheter le matériel classique pour la salle d'asile et pour l'école que nous devions diriger à Brebières. La colline sainte de Montmartre reçut, en son sanctuaire béni, les prières que nous lui envoyâmes. Nous ne pouvions aller jusqu'aux pieds du Sacré-Cœur ; le temps nous manquait ; mais nos cœurs demandèrent au Cœur de Jésus une de ses meilleures bénédictions. A 11 heures nous prenions le train de Brebières à la gare du Nord.

« Le temps était très froid ; beaucoup de neige et de glace. Toutes nous en souffrîmes un peu. Et le démon de la tristesse s'empara de Victorine. Son humeur, jusque-là si joviale, disparut, pour faire place à la crainte, au découragement, aux larmes, à la mélancolie. Cette pauvre enfant aurait repris volontiers le chemin des Vosges. Sœur Marie-Henri et moi nous étions pleines de courage.

« Nous arrivâmes à Vitry-en-Artois à 4 heures du soir. A la gare se trouvait une petite fille qui nous invita à aller nous reposer un moment chez les Franciscaines. La Révérende Mère Supérieure nous attendait. Elle nous fit un accueil très religieux et très cordial. Cette digne fille de Saint-François nous dit l'esprit du village que nous allions habiter et nous donna de précieux conseils. Elle nous procura une voiture fort simple, très peu confortable et digne, en tous points, de notre pauvreté. Ce véhicule fut mis à notre disposition par M. le Maire de Vitry que M. Senneville en avait prié.

« Nous arrivâmes à Brebières avec notre petit bagage à 6 heures du soir.

« Les cloches annonçaient l'Epiphanie qu'on devait célébrer le lendemain. M. le Curé était au confessionnal ; nous fûmes reçues par Mme Senneville, sa mère, et Eugénie, sa servante, deux excellentes personnes qui, chacune, avait un type particulier d'originalité. Sœur Marie-Henri, qui descendit la première du véhicule, fut accueillie comme la Mère abbesse ; moi, comme son aide, et Victorine, comme la cuisinière.

« M. le Curé nous arriva bientôt et nous eûmes en lui, dès ce moment, pleine confiance. Il se montra parfaitement bon et très paternel. Nous reçûmes chez lui la plus cordiale hospitalité et nous y prîmes nos premiers repas.

« A 9 heures du soir, il nous accompagna à la maison que la charité et le Sacré-Cœur nous avaient préparée. En y entrant, notre premier soin, notre premier besoin aussi, fut de remercier le bon Dieu, de dresser un petit autel au Sacré-Cœur de Jésus et à la Très Sainte Vierge. Nous y déposâmes nos deux chères statues et nous chantâmes le *Salve Regina*, l'antienne *O lumen*, et trois fois l'invocation *Cor Jesu sacratissimum, miserere nobis*. Puis à 10 heures, gelées de froid et rompues de fatigue, nous songeâmes à prendre un peu de repos. Nos deux Sœurs Marie-Henri et Victorine voulurent recevoir la bénédiction de leur pauvre Prieure qui la leur donna en tremblant. Nos lits étaient pauvrement pourvus de couvertures ; la maison, inhabitée depuis longtemps, était glaciale... nous ne pûmes dormir malgré la fatigue, et la nuit nous parut fort longue !

« Le lendemain, 9 janvier, était un dimanche... Aux deux messes paroissiales, nous fûmes l'objet de la curiosité des gens de Brebières. M. le Curé annonça notre arrivée, notre désir de nous dévouer pour tout le monde. Il engagea les pères et les mères de famille à venir chez lui nous présenter leurs enfants. De notre côté, pendant le Saint Sacrifice, nous sentîmes le besoin de nous offrir au Sacré-Cœur de Jésus pour cette population que nous savions nous être hostile...

« Ce jour-là nous reçûmes deux élèves seulement... » (1).

Certaines choses, en effet, devaient rendre les commencements difficiles : chez les uns, la persuasion que l'ouverture d'une école libre était inutile ; chez d'autres, l'hostilité déclarée.

« Voilà des bouches qu'il faudra nourrir ! » disait-on. Et l'on ajouta, quand les recrues de Mazan furent arrivées : « Voilà un régiment de Sœurs qui ne sont pas bonnes à jeter au fumier ! » Les plus influents se plaignaient amèrement à M. le Curé de les avoir appelées. D'aucuns enfin, qui en voulaient d'autres, le disaient ouvertement aux Sœurs. Le maire de Brebières et son Conseil ne leur étaient pas favorables non plus.

« D'un autre côté — ajoute Mère Marie des

____

(1) *Chronique*, p. 12-14.

Anges — nous nous sentions bien isolées. M. le Curé nous traitait avec une bonté parfaite, mais il fut désappointé quand il apprit que nous n'avions aucune ressource matérielle et que cinq de nos Sœurs, qui allaient arriver sous peu de jours, ne pourraient enseigner. Il craignait avec raison que leur arrivée augmentât l'irritation des gens de Brebières. Néanmoins, comme l'arrivée de ces chères Sœurs était décidée et que, de mon côté, je plaidais leur cause au nom du Sacré-Cœur de Jésus de qui j'attendais tout secours, M. le Curé consentit à les recevoir » (i).

A ces différentes causes, s'ajoutait, pour rendre la situation plus pénible, un dénuement complet :

« La maison était dépourvue de bien des choses nécessaires. Nous n'avions ni assiettes, ni ustensiles de cuisine ; pour toutes provisions, la valeur d'un kilogramme de noix et autant de pruneaux que Victorine avait apportés de Mirecourt. La faim se faisait sentir et pas de pain...

« Peu à peu, cependant, nous organisâmes notre modeste ménage. M. le Curé nous donna de l'argent et des provisions. Comme un bon père, il s'informait de tous nos besoins, nous renseignait sur toutes choses... (2).

Ces souffrances des premiers temps semblent avoir été, pour notre petite colonie dominicaine, un stimulant, une occasion de servir Dieu dans la charité et l'observation de la Règle.

---

(1) *Chronique*, p. 15.
(2) *Chronique*, p. 16.

« Malgré tout, nous remplissions exactement nos exercices de piété en commun ; nous disions l'Office en chœur et, tous les soirs, nous chantions le *Salve Regina*, l'*O Lumen*, et le *Cor Jesu sacratissimum, miserere nobis* (1).

Entre temps, M. l'abbé Senneville se rendit à Arras et vit Mgr Lequette qu'il entretint de la petite Communauté de Brebières. Cette visite sembla naturelle à tous et pourtant elle était exigée en haut lieu. Des rapports calomnieux, venus de Mazan, sans ébranler la confiance de l'Evêque, l'avaient forcé à demander, par prudence, des renseignements complémentaires. Cette épreuve tourna tout à l'avantage des Sœurs.

« Le bon M. le Curé alla à Arras exposer notre situation et la sienne à Mgr Lequette qui daigna agréer l'arrivée de nos Sœurs, encourager notre digne Pasteur pour l'œuvre qu'il entreprenait. Il le nomma confesseur et supérieur de notre Communauté et le chargea de nous transmettre sa paternelle bénédiction (2).

Les Sœurs de Mazan arrivèrent et la Communauté fut organisée avec Mère Marie des Anges, comme Prieure, et Sœur Marie-Henri comme titulaire de l'école.

Une lettre, venue de Carpentras, encouragea tous ces efforts. M. l'abbé Dumas, heureux de savoir ses filles en sûreté, écrit à Mère Marie des Anges :

-----

(1) *Chronique*, p. 17.
(2) *Chronique*, p. 17.

« J'ai reçu, hier soir, la lettre de M. le Curé et le courrier de ce matin m'apportait la vôtre. L'une et l'autre m'ont comblé de joie. Je remercie le Seigneur d'avoir veillé sur vos chères filles pendant leur long voyage, et de les avoir fait arriver dans vos bras sans aucun accident. Dites-leur bien tout le bonheur que j'éprouve de les savoir près de vous, et sous votre maternelle direction. Vous serez leur mère, mais pleine de dévouement et d'affection, et elles se montreront vos filles soumises et reconnaissantes. Vous vivrez et grandirez dans votre asile du Sacré-Cœur de Jésus.

« Je suis heureux d'apprendre que Monseigneur d'Arras ait fait bon accueil à ma lettre et à la lettre testimoniale de Monseigneur d'Avignon...

« Vous voulez savoir comment la Prieure de Mazan a accueilli la nouvelle de votre installation. Lisez sa réponse. Jamais elle ne m'avait écrit sur un ton aussi respectueux, d'autres diraient moqueur. Elle fait du calme, mais cette nouvelle n'en a pas moins été un coup de massue... »

Pourtant l'épreuve, ce signe providentiel de l'approbation divine, continuait de frapper l'œuvre naissante.

Une religieuse âgée, venue de Mazan, et entrée sur le tard en religion, dut quitter la Communauté à cause de son « caractère indomptable et incompatible avec l'esprit d'abnégation et de sacrifice nécessaire dans une fondation. »

D'autre part persistait la malveillance de beaucoup à Brebières. Elle gagna le clergé des environs.

« Quelques membres du clergé des paroisses voisines partageaient ou plutôt subissaient l'influence des habitants de Brebières et conseillaient à M. le Curé de ne pas garder dans sa paroisse une petite Communauté sans force et sans vie, comme la nôtre. Ils lui persuadaient aussi qu'il était urgent de nous affilier à une Congrégation.

Mgr Lequette avait la même pensée, le même désir. Enfin, M. le Curé, qui, jusque-là, m'avait encouragée, se découragea lui-même et me dit qu'il fallait absolument nous rattacher à une Communauté de notre Ordre » (1).

C'était briser d'un coup les légitimes espoirs de Mère Marie des Anges en la mettant dans l'impossibilité d'exécuter le vœu qu'elle avait fait au Sacré-Cœur. Ce vœu, en effet, suppose l'indépendance vis-à-vis de toute congrégation et marque d'une note essentiellement caractéristique l'œuvre que Mère Marie des Anges voulait fonder. Le culte du Sacré-Cœur, comme nous le verrons mieux plus tard, ne constituait pas, dans sa pensée, une dévotion adventice, mais devait pénétrer, jusqu'en son fond, la vie dominicaine pour l'intensifier encore ; il devait être aussi le principal instrument dont elle se servirait auprès des âmes pour les conduire à Dieu. Bref, c'est par le culte du Sacré-Cœur que Mère Marie des Anges voulait faire de son œuvre, une œuvre à part, nettement distincte de toute autre. Et voilà qu'on l'oblige

---

(1) *Chronique,* p. 17.

à s'affilier à une Congrégation ayant déjà sa raison d'être, par un but et des moyens définis, où le culte du Sacré-Cœur n'aurait de vie que dans la mesure commune. On comprend, dès lors, combien Mère Marie des Anges, qui n'avait d'autre ambition que d'aimer et de faire aimer Dieu sous une forme chère à son cœur, et apte à produire de merveilleux résultats, eut de peine quand il fallut abandonner ses projets. Elle ne songea pas cependant à se plaindre. Elle prit conseil de Dieu et de ses amis, et, bien qu'il lui en coutât beaucoup, elle se résolut à obéir. Écoutons-là :

« Cette injonction me mit dans un grand embarras, car je ne savais à quelle maison demander notre adoption. D'autre part, nos Mères de Langres et de Mirecourt me conseillaient de former une Communauté comme la leur, indépendante et observant les mêmes règles et les mêmes constitutions. Au fond de mon âme je sentais que le bon Dieu voulait cela, que le Sacré-Cœur de Jésus conduisait toutes choses pour notre bien et pour sa plus grande gloire. Mais pour agir religieusement et ne pas m'exposer aux illusions d'une idée personnelle, je me soumis au désir de M. le Curé et fis la démarche de notre affiliation... La réponse négative prouva la volonté de Dieu, pour que notre existence se prolongeât en l'état actuel et nous cherchâmes à nous régulariser le plus possible » (1).

L'obéissance nous fait remporter des victoires sur

---

(1) *Chronique*, p. 21.

nous et sur les autres, sur les choses et sur les événements. Mère Marie des Anges vit avec plus de précision dans la volonté de Dieu ; elle acquit cette expérience, source d'espoir et de force, qu'on ne peut empêcher le tentateur de décrier les actes et les efforts les plus saints, de trouver mauvais qu'on serve le Seigneur et qu'on s'anéantisse devant Lui. Le Sacré-Cœur de Jésus, doux et humble, combla ses filles de bénédictions et fit germer peu à peu le grain de froment déposé en terre. Nous allons assister à cette germination surnaturelle des œuvres qui, depuis, furent en honneur dans la Congrégation.

« Nous n'avions pas beaucoup d'enfants dans nos écoles ; cependant leur nombre augmentait de jour en jour ainsi que celui des jeunes filles qui, le dimanche, venaient passer la journée chez nous. Pour les attirer, nous faisions tout ce qui dépendait de nous, et nous réussissions assez. Victorine était le boute-en-train des jeux ; elle s'y dévouait sans réserve et chacune prenait sa part de ce dévouement qui produisit des fruits consolants en éloignant les jeunes filles des réunions dangereuses pour leur vertu.

« Une autre œuvre bien intéressante s'offrit à nous dès notre arrivée à Brebières : le soin des malades. Ils venaient en grand nombre demander nos conseils, nos soins, notre dévouement. Nous nous y prêtâmes de tout cœur et le bon Dieu semblait accorder une grâce, une protection spéciale à toutes les personnes qui étaient l'objet de nos soins, car elles guérissaient presque toutes, non seulement des maladies du corps, mais encore de celles de l'âme. Elles se montraient ordinairement aussi faciles à recevoir les secours spirituels que les matériels. Que de joies intimes, que de consolations nous avons éprouvées en soignant les malades ! Que de grâces le Cœur de Jésus nous a accordées pendant quatre ans dans l'exercice de cet apostolat ! O Jésus ! que toute la gloire remonte vers votre divin Cœur !

« Le soin des malades, la distribution gratuite des remèdes nous concilièrent les esprits, et ceux qui s'étaient montrés les plus hostiles à notre établissement devinrent nos amis. On nous regarda avec bienveillance et respect.

« Nous vivions au jour le jour, recevant gratuitement les enfants qui fréquentaient nos écoles, donnant les remèdes aux malades qui en demandaient, en attendant notre pain quotidien de la Providence du Cœur de Jésus. Ce cœur si bon veillait sur nous avec une bonté infinie et pourvoyait à tous nos besoins. M. le Curé était le canal ordinaire par lequel nous recevions les dons qui nous faisaient vivre. Il se faisait mendiant pour nous et nous donnait de son propre nécessaire. D'un autre côté, il nous arrivait quelques provisions : lait, œufs, lard, fromage : fruits de la reconnaissance de nos chers malades guéris » (1).

Parmi ces guérisons, il en est une que nous devons relater à cause du caractère surnaturel qui s'y montre et des conséquences fâcheuses qu'elle eût pu avoir

____

(1) *Chronique*, p. 21-22.

pour la petite Communauté. Mère Marie des Anges nous la raconte ainsi :

« Une jeune veuve, nommée Augustine Ledieu, personne foncièrement pieuse, nous demanda de faire une neuvaine pour sa guérison. Elle souffrait d'une laryngite aiguë, accompagnée d'anémie et d'inflammation d'estomac. Elle avait complètement perdu la voix depuis six mois. Nous fîmes, suivant son désir et avec ferveur, une neuvaine préparatoire à la fête de l'Annonciation et il fut convenu que ce jour-là, elle et nous, dirions « mille *Ave Maria* » pour sa guérison, ou en action de grâces, si la guérison était obtenue avant la fin de cette prière. Cette chère âme fut exaucée au-delà de son désir. Le 25 mars, à 5 heures du matin, elle avait recouvré, avec sa voix, ses forces et son appétit, et elle venait chez nous pour remercier la Sainte Vierge et chanter le *Te Deum*. Le médecin qui, la veille, lui avait dit qu'elle n'avait qu'à recevoir les derniers sacrements, ne pouvant croire au miracle, devint furieux contre nous et essaya, par tous les moyens possibles, de nous nuire, au point qu'il me dénonça au Procureur de la République, m'accusant de distribuer des remèdes dangereux. Le juge de paix de Vitry fut chargé de faire une enquête. Elle n'eut d'autre résultat que de nous faire obtenir une autorisation en règle et formelle de visiter les malades dans les mêmes conditions qu'auparavant » (1).

Il y eut aussi des malades qui durent aux prières de

______

(1) *Chronique*, p. 22-23.

Mère Marie des Anges, sinon la guérison du corps, au moins celle de l'âme.

Un homme, éloigné des pratiques religieuses et qui faisait à sa femme la vie dure, eut bien voulu guérir d'une cécité qu'on avait fini par reconnaître incurable. Mère Marie des Anges se rendit chez lui avec une de ses compagnes : elle voyait là une âme à sauver !

Elle proposa à M. Dutilleul une neuvaine en l'honneur de Notre-Dame de Lourdes, lui disant la puissance d'intercession de la Très Sainte Vierge et le pouvoir infini de Dieu. Elle promit, en outre, que sa compagne viendrait tous les jours prier avec lui et lui ferait boire un peu d'eau de Lourdes. Surpris de ces attentions, M. Dutilleul accepta et, la grâce aidant, il fit sa neuvaine avec une vraie piété ! Vers la fin, Mère Marie des Anges proposa la réception des sacrements, et le vieillard consentit à communier le dernier jour de la neuvaine.

Mystère de la miséricorde divine ! M. Dutilleul ne se plaignit plus de sa cécité ; son âme avait recouvré la lumière ; il était heureux et sa femme oublia les mauvais jours. Il persévéra, communiant régulièrement à la chapelle des Sœurs, le premier vendredi de chaque mois.

Que d'infortunes furent soulagées par les soins de Mère Marie des Anges, par sa gaieté primesautière, par sa bonté surtout qui lui gagnait les cœurs. Elle n'en parle pas dans la *Chronique*, mais nous le tenons de ses premières compagnes qui ont vu et entendu et qu'un exemple si persuasif édifiait et soutenait dans la vertu.

Et l'on supportait gaiement toutes sortes de privations dans la Communauté dominicaine de Brebières, parce que l'âme était remplie de la paix et du bonheur que procure toujours le devoir accompli.

Pour diminuer les soucis de M. le Curé et l'aider à pourvoir aux besoins de l'œuvre, on chercha du travail. Victorine se mit en route et en trouva à Douai et à Arras. Il fut bien exécuté et l'ouvrage ne fit jamais défaut.

Nous arrivons à un fait qui remplit de joie Mère Marie des Anges et ses filles : l'institution canonique de la Communauté par Mgr Lequette qui, en lui donnant une situation officielle dans l'Eglise, mettait un terme aux hésitations des uns et au mauvais vouloir des autres. L'œuvre, du même coup, était reconnue comme indépendante et mise à même de se développer dans le sens du vœu de Mère Marie des Anges au Sacré-Cœur.

« La chose que nous désirions le plus, dit la *Chronique*, et dont la privation imposait à nos âmes bien des peines, était la présence réelle de Notre-Seigneur dans notre humble maison. Souvent, j'avais exprimé à M. le Curé le désir d'avoir chez nous une petite chapelle avec le Saint-Sacrement et toujours ma demande avait été reçue avec froideur. Rien, depuis six mois que nous étions à Brebières, ne nous faisait espérer la grâce tant désirée.

« Enfin, j'appris que Mgr Lequette devait se rendre à Vitry pour donner la confirmation à nos enfants.

4

Je profitai de cette occasion pour redoubler d'instances auprès de M. le Curé. Il se laissa convaincre,
demanda à Monseigneur qui refusa, tout en me promettant une audience pour le lendemain chez M. le
Curé de Vitry.

« Heureuse de cette permission, je me rendis à
Vitry le lendemain, accompagnée d'une enfant de nos
classes. J'avais recommandé à nos Sœurs de beaucoup
prier et de faire brûler une bougie devant le Sacré-
Cœur. Trois d'entre elles partirent un peu plus tard
pour conduire à Vitry les enfants de Brebières qui
devaient recevoir la confirmation. C'était le 1er juin
1876.

« Je ne pourrai jamais assez redire la bonté paternelle avec laquelle Sa Grandeur daigna m'accueillir,
m'encourager, m'interroger : il me mit parfaitement
à l'aise. Je pus lui parler longuement de mes épreuves
passées, lui soumettre mon vœu au Sacré-Cœur qu'il
approuva pleinement. Je pus lui exprimer mon désir
de voir ériger canoniquement notre petite Communauté dans son diocèse ; la souffrance très grande que
nous causait la privation de la présence réelle de
Notre-Seigneur dans notre maison.

« Monseigneur écouta tout avec bonté et me demanda si nous avions un appartement convenable
pour y mettre le Saint-Sacrement. Je répondis que je
serais heureuse de lui donner notre plus belle pièce.

— « Avez-vous des vases sacrés, des ornements, un
autel, du linge, etc. ?

— « Non, Monseigneur, mais le Sacré-Cœur y pourvoira !

— « Ma fille, reprit Monseigneur, je ne puis rien vous refuser. Oui, vous aurez le bon Dieu. Quel jour voulez-vous qu'on bénisse votre chapelle ?

— « Monseigneur, je désire que ce soit le 23 de ce mois, en la fête du Sacré-Cœur.

— « Qu'il soit fait selon votre désir. Je délègue M. le Curé de Brebières pour la bénédiction de votre chapelle et je vous autorise :

1° à conserver le Saint-Sacrement, à avoir la messe chez vous quand on pourra vous la dire, et que ce soit, au moins, une ou deux fois par mois ;

2° à avoir l'exposition du Saint-Sacrement toute la journée du premier vendredi de chaque mois ;

3° Je suis disposé à approuver le Tableau des faveurs que vous me remettrez pour les bénédictions et expositions du Très Saint-Sacrement ;

4° Je nomme M. Senneville confesseur ordinaire de la Communauté et votre supérieur ;

5° J'institue votre Communauté maison diocésaine sous le titre de Dominicaines du Sacré-Cœur ;

6° Je vous autorise à observer la Règle et les Constitutions des Sœurs du Tiers Ordre de Saint-Dominique de Langres dans tous les points qui ne sont pas incompatibles avec votre position ; je vous dispense de tous les points que vous ne pourrez pas observer, notamment de la clôture ;

7° Je vous autorise à recevoir des novices et des postulantes ;

8° Je vous confirme dans votre charge de Prieure ;

9° Je nomme M. le Doyen de Vitry confesseur extrordinaire de la Communauté.

« Je vous bénis avec affection, vous et vos filles et vous souhaite toutes les vertus des vrais enfants de Saint-Dominique et des vraies servantes du Sacré-Cœur. Croissez et multipliez-vous dans le diocèse et comptez sur le dévouement de votre évêque qui veut être votre père » (1).

Dans cette entrevue, il fallut, sans doute, que Mère Marie des Anges déployât toutes ses ressources de fine diplomate qu'elle était ; mais il est sûr que le Sacré-Cœur conduisit toutes choses, parlant par son humble servante et inspirant le pieux et digne Mgr Lequette. Celui-ci, quand il vit le curé de Brebières, ne put se retenir de lui avouer : « J'ai vu votre petite Prieure ; quelle maîtresse femme et surtout quelle bonne religieuse. Je n'ai rien pu lui refuser. » Quant à Mère Marie des Anges, elle était transportée d'une sainte joie.

« En quittant Monseigneur, dit-elle, j'avais peine à contenir ma joie et j'allai bien vite trouver nos Sœurs qui m'attendaient à l'église de Vitry. Je leur dis en deux mots que Monseigneur m'avait comblée de grâces et les invitai à remercier Dieu.

« Pendant la cérémonie de confirmation, nos âmes s'épanchèrent en actions de grâces ; nous débordions de joie intime et de reconnaissance. Aussitôt après les Offices, je pus dire à notre vénéré curé que j'étais très heureuse de tout ce que Monseigneur m'avait accordé et il partagea notre contentement. .

---

(1) *Chronique*, p. 32.

« A notre retour à Brebières, notre premier besoin fut de chanter le *Te Deum* et de mettre vite la main à l'œuvre pour préparer la chapelle. Nous n'avions que vingt-deux jours avant la fête du Sacré-Cœur ! Il fallait faire disparaître une grande cheminée. Notre pauvreté ne nous permettant pas d'employer des ouvriers, nous nous sommes mises à l'ouvrage. M. le Curé, comme toujours, prit la part la plus pénible... M. le Curé de Corbehem nous donna l'autel. Les Mères de Langres nous offrirent une chasuble, une chape, une aube et quelques autres objets avec lesquels nous aurions pu, à la rigueur, faire offrir le Saint Sacrifice..., mais nous demandions au Cœur de Jésus, de nous envoyer calice, ostensoir, ciboire, missel, chandeliers, etc., etc. M. le Curé s'adressa à l'Œuvre des églises pauvres, à Arras ; on lui répondit par un refus. De mon côté, j'avais frappé à plusieurs portes sans succès. Enfin nos Sœurs de Stone (1), en

------

(1) Stone, dans le comté de Stafford, siège de la Maison-Mère de la Congrégation de Sainte-Catherine de Sienne, fondée par la Mère Marguerite Hallahan. Celle-ci mourut le 11 mai 1868 et fut remplacée, dans la charge de Prieure Générale, par la Mère Marie Imelda Poole, non moins avancée en sainteté que la Mère Marguerite, s'il faut en croire le témoignage de l'évêque bénédictin de Birmingham, Mgr Ullathorn, premier protecteur de la Congrégation. La Mère Marie Imelda Poole forma à la vie religieuse la célèbre Mère Drane qui écrivit des ouvrages très appréciés, entre autres, la *Vie de la Mère Marguerite Hallahan* ; l'*Histoire de sainte Catherine de Sienne et de sa famille religieuse* ; l'*Histoire de saint Dominique*. Or ce fut précisément à la Mère Imelda que Mère Marie des Anges s'adressa pour obtenir les instruments liturgiques nécessaires à la célébration du sacrifice de la Messe. Mère Imelda venait de fermer Clifton, premier couvent de la Congrégation, sur l'ordre de Mgr Ullathorn. A ce

Angleterre, auxquelles j'avais écrit depuis plusieurs mois sans avoir obtenu de réponse positive, nous annoncèrent, le 15 juin, qu'elles venaient de nous adresser une caisse renfermant quatre chasubles, une chape, un calice, un ciboire, un ostensoir d'argent, un tableau représentant notre Père saint Dominique, du linge d'autel, des chandeliers, etc... Combien cette charité fraternelle de Sœurs inconnues nous toucha et nous montra une fois de plus la divine tendresse du Cœur de Jésus. Cette bienheureuse caisse nous arriva le 22 juin à 9 heures du soir, veille de la bénédiction de la chapelle. Avec le produit de quelques économies et un peu d'argent offert par Sœur Marie du Rosaire, Sœur Marie-Cécile et Sœur Saint-Bernard, nous avions acheté une statue du Sacré-Cœur de Jésus plus grande que celle apportée de Paris, six chandeliers d'autel en cuivre vernis or. Une partie de la nuit se passa à préparer la demeure de notre Maître bien-aimé.

« Le 23 juin 1876 fut un jour d'éternelle mémoire, de douces joies, d'émotions intimes, de réel bonheur. A 8 h. 1/2, tous nos amis de Brebières, alors nombreux, étaient accourus pour partager notre joie.

---

sujet, elle écrivait à la Mère Drane qu' « en fermant ce sanctuaire dans lequel la Messe avait été dite si souvent, elle éprouvait un grand désir d'en établir un autre, afin que la gloire de Dieu ne fût pas diminuée. »

Brebières répondit à son désir. « Mère Imelda fut enchantée. Elle rendit grâces à Dieu, comme s'il lui eut accordé une grande faveur » ; et elle fit expédier à Brebières tout ce qu'il fallait pour célébrer la sainte Messe.

(*Extrait de la chronique manuscrite de Stone*).

M. le Curé présidait la bénédiction du pauvre petit sanctuaire et célébrait le Saint Sacrifice dans la maison du Sacré-Cœur. Après la messe, le Saint-Sacrement fut exposé pour toute la journée. Jésus-Christ prit, ce jour-là, possession de la maison. Il en devint plus que jamais le Maître. Sa petite famille naissante se sentit riche du trésor le plus précieux... » (1).

En ce jour béni, il se passait dans la chapelle des Dominicaines de Stone un fait qui, s'il prouve que l'œuvre de Marguerite Hallahan était agréable à Dieu, montre aussi que l'œuvre de Brebières plaisait au Sacré-Cœur de Jésus. Voici, comment, dans ses mémoires conservés dans la *Chronique* de Stone, la Mère Drane, qui en fut l'actrice avec la Mère Imelda, raconte ce fait :

« Je vais essayer de relater aussi fidèlement que possible ce qui se passa en ce jour, bien qu'on puisse supposer que ce récit a été coloré par l'imagination.

« Pendant la messe, je lisais l'offertoire qui dit : « O Seigneur, mon Dieu ! dans la simplicité de mon cœur je t'ai offert toutes ces choses et j'ai vu avec une grande joie ton peuple ici présent te présenter son offrande. O Seigneur Dieu, roi d'Israël, garde pour toujours ce désir dans les cœurs. Alleluia. » (*Paralip.* XXIX, 17).

« Je me rappelai qu'il y avait là quelques mots familiers à la Mère Marguerite. Je suis certaine, pensais-je, que Mère Imelda se dit : « C'était son esprit ;

______

(1) *Chronique*, p. 24-30.

mais qu'ai-je fait ? Elle a édifié et je n'ai fait que détruire ! » Ce ne serait pourtant pas exact, puisqu'elle aussi a édifié, et voilà Brebières.

« Au moment de la Consécration, un sentiment de dévotion que je ne puis décrire s'empara de moi au point de m'accabler, et cela ne passa pas, car lorsque je me relevai de prostration, j'avais conscience de quelque chose, non par la vue, comme si Notre-Seigneur par sa présence sensible quoique non visible, quittait l'autel, traversait le sanctuaire, descendait notre chœur, et se tenait devant la stalle de notre Mère. Je ne l'entendais pas, mais je le sentais et j'avais la conscience de chacun de ses pas. La sensation de cette sainte présence si rapprochée était plus que je ne pouvais supporter ; c'était accablant.

« Quand la messe fut terminée nous quittâmes le chœur. J'allai comme de coutume à la chambre de notre Mère pour l'aider à descendre au déjeuner. En la regardant, je vis dans sa physionomie ce regard méditatif et cette belle couleur rosée que j'avais appris à connaître comme une indication que son âme avait été touchée d'une manière particulière. M'autorisant de la familiarité qu'elle me permettait, je lui dis tout bas : « Y a-t-il un peu de rosée ce matin ? » Elle sourit, mais ne répondit pas.

— Dites-moi seulement une chose : A quoi pensiez-vous pendant l'Offertoire ?

— Point de réponse.

— N'était-ce point ceci ? Et je répétai ce que j'ai écrit plus haut.

— Mais oui ! Comment avez-vous deviné cela ?

— Je le savais ; mais après la Consécration ?

— Vous avez fait assez de questions, allons déjeuner.

— C'est bien ! puisque vous ne voulez pas me dire vos secrets, je vous dirai les miens.

« Et je lui racontai tout ce qui s'était passé. Elle avoua alors qu'elle avait éprouvé exactement la même chose.

— Du moins, dit-elle, pas tout à fait comme cela. Vous savez que mon mur de chair est si épais ! Mais j'ai senti vraiment quelque chose de fort inusité.

« Quelques jours après, nous nous trouvions encore ensemble, ouvrant le sac des dépêches. Une lettre portant un timbre étranger en tomba. Brebières ! fête du Sacré-Cœur, s'écria-t-elle, jetant un regard sur les premières lignes.

— Quel bonheur ! Elles ont reçu notre envoi. Mais qu'est-ce que tout ceci ?

« Je pris la lettre. Elle expliquait qu'après un délai prolongé, tout était arrivé juste à point pour garnir l'autel ; ce qui avait permis de dire la messe pour la fête du Sacré-Cœur ; messe et communion avaient été offertes, avec des élans de joie et de reconnaissance, pour les généreuses bienfaitrices. »

La *Chronique* de Stone ajoute :

« Ainsi, à ce même moment, en ce même jour, il avait semblé que Notre-Seigneur venait les remercier pendant que l'on disait la première messe et que des prières de reconnaissance étaient déversées sur elles » (1).

----

(1) *Chronique de Stone*. — Il serait intéressant de rapprocher

« Un mois plus tard, continue la *Chronique*, le 20 juillet, nous donnions le saint Habit à Victorine qui reçut le nom promis : Sœur Marie du Sacré-Cœur » (1).

Mère Marie des Anges mit au courant de ces événements heureux M. le chanoine Dumas. Celui-ci lui répond : « Vous voilà heureuse maintenant avec Jésus-Hostie. Avec l'Hôte divin, que pouvez-vous craindre pour l'avenir ? Il vous armera de courage

de cette relation celle que nous fait sainte Thérèse dans son *Château intérieur* 15ᵉ dem., ch. VIII).

« Alors qu'on ne pense nullement à une pareille faveur, et que même il n'est jamais venu en pensée de la mériter, il arrive qu'on sent près de soi Jésus-Christ Notre-Seigneur, bien qu'on ne le voie ni des yeux du corps, ni de ceux de l'âme. Cette vision est appelée intellectuelle, je ne sais pourquoi. Je connais une personne à qui Dieu fit cette grâce avec d'autres que je rapporterai dans la suite, et qui, dans les commencements, était fort en peine, parce que, ne voyant rien, elle ne pouvait comprendre ce que c'était. Cependant elle était si assurée que c'était Notre-Seigneur qui se montrait ainsi, qu'elle n'en pouvait douter... Elle comprit alors clairement que c'était Notre-Seigneur qui lui parlait souvent de la manière que j'ai dite, tandis que, avant d'avoir reçu cette faveur, quoiqu'elle entendit les paroles, elle ne savait qui lui parlait.

« Je connaissais fort clairement, dit-elle dans *Sa Vie* (ch. 27) qu'Il était toujours à mon côté droit, qu'Il voyait tout ce que je faisais, et pour peu que je me recueillisse ou que je ne fusse pas extrêmement distraite, je ne pouvais ignorer qu'Il était près de moi. »

Ailleurs, elle signale la « Vision intellectuelle » comme « très utile, parce que, bien qu'elle passe en un moment, elle demeure profondément gravée dans l'esprit. »

(Cf. Ribet : *La Mystique divine*, IIᵉ partie ; *Les phénomènes mystiques ; Les visions*, ch. IV et V).

(1) *Chronique*, p. 30.

pour de nouveaux combats et de nouvelles croix, car la vie religieuse ne se conçoit pas sans la croix. Mais lorsque cette croix est à côté du Tabernacle, ses épines se changent en fleurs. »

Que de preuves elles en eurent ! Un fait entre beaucoup d'autres est relaté, à cet endroit dans la *Chronique*, par Mère Marie des Anges. Ce récit montre et sa confiance en Dieu qui ne fut jamais déçue, et sa reconnaissance pour les divines attentions.

« Au commencement de janvier 1877, nous étions fort embarassées pour payer une note de serrurier qui s'élevait à 105 francs. Comme j'exposais notre inquiétude à Notre-Seigneur, Le priant de faire honneur à ses affaires, une de nos Sœurs vint me dire qu'on me demandait au parloir. Je m'y rendis aussitôt et je vis une bonne fille, une servante, une personne très pieuse, qui me remit 100 francs en me priant de les accepter pour les besoins de la Communauté. Cette personne me quittait à peine quand une autre, que nous avions soignée, me demanda de pouvoir aller à la chapelle, et déposa 5 francs sur l'autel. Nous avions donc 105 francs pour payer notre ouvrier, et nous pouvions admirer, remercier la bonté de notre divin Maître.

« Que de traits providentiels je pourrais relater ici ! Notre-Seigneur pourvoyait à tous nos besoins temporels et spirituels, nous faisait vivre au jour le jour, et nous conduisait pas à pas à travers les épreuves et les consolations » (1).

______

(1) *Chronique,* p. 30.

L'heure est venue où le grain de froment déposé en terre va se lever. Les œuvres, vouées à la stérilité, manquent de la sève surnaturelle qui devrait les vivifier et les pousser à sortir du berceau qui les a vues naître, à s'étendre, à grandir, à devenir l'arbre robuste baigné de la lumière d'En Haut et abritant les oiseaux dans ses rameaux touffus. Cette croissance est pour les œuvres chrétiennes, un signe de la bénédiction de Dieu, de sa volonté sur elles, de sa paternelle Providence.

L'œuvre de Brebières rencontra là, où elle fut implantée, bien des sécheresses, des principes ennemis, au point de se demander si l'on n'avait pas semé en mauvaise terre ou parmi les ronces. Mais cette œuvre vivait de l'Esprit de Dieu qui souffle où Il veut et donne la fécondité. Les Sœurs, malgré et contre tout, pratiquaient leur vie religieuse et faisaient le bien. Ces grandes lignes de la fondation, nous les retrouverons organisées dans la Congrégation sortie de Brebières. C'est le même esprit de dévouement et d'amour de Dieu qui plane encore, pour la vivifier, sur l'œuvre de Mère Marie des Anges. Les obstacles n'ont réussi qu'à dégager le germe de ses enveloppes terrestres ; qu'à le gonfler de sève surnaturelle, pour lui permettre de pousser vigoureusement vers le ciel et de s'étendre sur les âmes.

« Au mois de juillet 1877, dit la *Chronique*, M. Senneville nous proposa une maison qu'on nous offrait à Marœuil, près d'Arras. Le curé du village, M. Goidin, nous priait de nous y établir et offrait de nous aider pour la fondation d'un pensionnat... Malgré notre faiblesse, notre petit nombre, notre manque de ressources, Mgr Lequette, consulté, peu favorable d'abord à cette entreprise, m'ordonna d'aller voir pour examiner les choses sur place. Il fallait continuer, à Marœuil, une œuvre commencée par les Sœurs de la Providence. Tout était organisé ; M. le Curé de Marœuil se montra très bon, très désireux de nous avoir. Par ailleurs, la maison qu'on nous offrait me semblait propre à favoriser la régularité ; puis, en scindant la Communauté, nous apaiserions les murmures des habitants de Brebières, qui se plaignaient du nombre, trop grand à leur avis, des Sœurs de l'école. Enfin nous aurions la possibilité de recevoir de nouveaux sujets. N'y avait-il pas aussi, dans cette offre, un dessein de la Providence ? Ces raisons décidèrent Monseigneur : il nous autorisa à accepter.

« Le 24 septembre 1877, Sœur Marie-Henri se rendait à Marœuil, comme première Supérieure avec le titre de Vicaire. Elle fut remplacée à Brebières par Sœur Marie-Hyacinthe, venue de Mirecourt. Comme nous espérions y établir un petit pensionnat, nous dûmes approprier un grenier en dortoir et supporter les frais de l'installation... Il fut décidé que la maison de Marœuil dépendrait en tout de celle de Brebières.

« Le 1ᵉʳ octobre de cette même année eut lieu l'ouverture des classes. Beaucoup d'enfants les fréquentaient comme externes ; une seule pensionnaire nous arriva. M. Goidin mourut, nous laissant l'œuvre à faire. Son successeur, M. l'abbé Juin, hérita en partie de son zèle et se montra bienveillant pour nous. Spirituellement parlant, l'œuvre de Marœuil nous donna des consolations, mais elle ne nous fournit aucune ressource matérielle et Brebières dut soutenir Marœuil ! Ici encore, la douce Providence du Cœur de Jésus y pourvoyait.

« L'épreuve la plus pénible que nous procura Marœuil fut le découragement de Sœur Marie-Henri qui ne pouvait s'y habituer, ne cessait de se lamenter, tout en se dévouant cependant. Souvent, je dus aller remonter le courage de nos Sœurs, les soutenir dans leur isolement et les fortifier dans l'esprit religieux » (1).

Les survivantes de cette époque de luttes et d'épreuves se plaisent à relever, en Mère Marie des Anges, son grand esprit surnaturel, son jugement sans défaillance pour dirimer les difficultés, sa bonté pour les filles que Dieu lui avait confiées. La Communauté s'était accrue de quelques Sœurs venues de Mirecourt, d'une religieuse du couvent de Bonnay, dans le diocèse d'Autun.

Quant à Sœur Marie-Henri, elle se dévouait corps et âme à l'œuvre naissante de Marœuil ; elle sut prendre le dessus, vaincre une certaine timidité vis-à-vis des responsabilités à assumer, et, peu à peu, devint un précieux instrument entre les mains de la Fondatrice.

Les religieuses, venues de Mazan, toutes très fidèles, très attachées à leur « Mère » et à l'œuvre, pronon-

---

(1) *Chronique*, p. 31-33.

cèrent, au mois d'octobre 1877, leurs vœux perpétuels, après la retraite annuelle prêchée par le Père Paris, qui résidait alors au couvent de Lille.

« Déjà avant cette retraite, dit Mère Marie des Anges, nous avions eu la visite du Père F..., et celle du Père S... qui nous avaient témoigné beaucoup d'intérêt. Le Révérend Père R..., Prieur du couvent de Lille, avait la bonté de s'occuper un peu de nous. Il vint nous voir à Brebières, nous encouragea, et nous promit l'appui de nos Pères, ce qui fut un grand sujet de consolation pour nous » (1).

La petite colonie semblait donc s'affermir, quand une grande épreuve, plus dure que les précédentes, faillit tout compromettre. Mère Marie des Anges, dont nous avons dit que la santé était fort précaire, fut prise, au sortir de la collation, d'étouffements accompagnés de crachements de sang. Le Père D..., du couvent de Lille, prêchait alors la retraite annuelle à Brebières.

« Je crois devoir relater ici les circonstances de cette maladie parce qu'elles montreront la bonté miséricordieuse de Dieu envers nous. Nous nous disposions à commencer notre retraite annuelle ; le Révérend Père D... venait d'arriver pour nous la prêcher. Je ne me trouvais pas malade du tout, lorsque, sur le soir, je me sentis prise subitement par un violent

---

(1) *Chronique*, p. **33**.

vomissement de sang. Cet accident se renouvela plusieurs fois et m'affaiblit au point que je dus recevoir l'Etrême-Onction et le Saint Viatique. On s'attendait à me voir rendre le dernier soupir. Mon âme se trouvait aussi accablée que mon corps ; je souffrais moralement plus encore que physiquement. Ce fut au point que deux confesseurs ne parvinrent pas à calmer mes alarmes, mes terreurs de la mort. Jusque-là, je n'avais jamais rien éprouvé de semblable.

« La retraite se faisait tant bien que mal ; nos Sœurs étaient dans un complet découragement causé par les craintes qu'inspirait ma maladie. Le diable s'agitait en tous sens pour désorganiser le petit troupeau qui se croyait à la veille de sa dissolution. Le Révérend Père D... se montra d'un zèle, d'une charité, d'un dévouement admirables pour soutenir la malade et les bien portantes.

« M. Senneville faisait de même.

« J'avais reçu l'Etrême-Onction et le Saint Viatique à 10 heures du soir, le 12 septembre. On avait écrit aux couvents de Langres et de Stone pour demander des prières. On écrivit aussi à M. de Nédonchel, père de la grande servante de Dieu, Mathilde, morte en odeur de sainteté, à Rome, il y avait dix ans. J'avais une grande confiance en cette sainte âme : on la pria avec ferveur. M. le comte de Nédonchel nous envoya quelques fragments du linge ayant servi à sa sainte fille, avec une petite mèche de ses cheveux. Aussitôt que cette précieuse relique fut arrivée, je l'appliquai sur ma poitrine. Les vomissements de sang cessèrent et j'éprouvai le besoin de manger des œufs frais pour me fortifier. A partir de ce moment, je me trouvais mieux au moral comme au physique. La prière par laquelle nous implorions l'intercession de la grande Servante de Dieu, Mathilde, était celle-ci : « Grande Servante de Dieu, Mathilde, montrez-nous votre puissance auprès du Sacré-Cœur. » Nous savions que notre bienfaitrice, Mathilde de Nédonchel, avait une grande dévotion au Sacré-Cœur de Jésus, et, pour cela, nous la voulions comme protectrice. Depuis cette époque, nous n'avons pas cessé de l'invoquer, car c'est à elle que nous croyons être redevables de ma guérison » (1).

Ce que Mère Marie des Anges ne dit pas, c'est le dévouement des habitants de Brebières, l'attention avec laquelle on prenait chaque jour de ses nouvelles. Depuis le si bon M. Senneville qui multipliait ses visites, et disait, quand la malade fut hors de danger : « Ça va mieux ; notre Mère a pris un œuf ! » — jusqu'aux plus petits qui s'ingéniaient délicatement à rendre service. La châtelaine, Mme P..., préparait elle-même les repas de Mère Marie des Anges, et on les prenait au château.

Quelqu'un fut douloureusement affecté par cette maladie: Hector Mathy, le neveu élevé par Mère Marie des Anges. Agé, alors de 18 ans, il faisait son « tour de France » afin de se perfectionner dans le métier qu'il avait appris. Il vint à Lille et vit plusieurs fois sa tante. Lorsqu'il sut que sa « chère tante » était malade, il eut le cri d'un cœur reconnaissant : « Soi-

____

(1) *Chronique*, p. 34-35.

gnez-la bien, n'épargnez rien ; je me charge de toutes les dépenses. » Mère Marie des Anges entrée en convalescence, Hector revint et, tout fier, tout heureux, lui prêtait ses robustes épaules pour l'aider à descendre de sa cellule.

Et la vie ordinaire reprit son cours dans la petite Communauté de Brebières. Tous les jours, une action de grâces bien fervente montait vers le ciel pour remercier Dieu d'avoir conservé à ses filles la Mère qui leur était tout. On atteignit ainsi l'année 1879 durant laquelle se passèrent deux événements qui influèrent beaucoup sur les destinées de la Congrégation naissante : le départ de M. l'abbé Senneville et la fondation de Calais-Nord.

« Au mois de mai 1879, dit Mère Marie des Anges, une autre grande épreuve nous était réservée. Notre bon curé et supérieur, ayant beaucoup à souffrir dans sa paroisse, parce que certains esprits ne lui pardonnaient pas de nous avoir appelées, crut que, pour notre bien, il devait demander son déplacement. Il l'obtint et son départ fut comme un coup de foudre pour notre petite Communauté qui n'avait que lui comme appui humain » (1).

Mère Marie des Anges s'abusait. Mgr Lequette se montra, en cette circonstance, un solide appui. Quelque temps auparavant, il avait tenu à visiter la

____

(1) *Chronique*, p. 35-36.

Communauté de Brebières, et, au sujet du départ
de M. Senneville, il écrivait :

« Je n'ignorais pas, ma chère fille, en vous rendant
visite, que la joie que vous en éprouviez aurait été
bientôt suivie, pour vous et vos chères filles, d'une
amère tristesse par le départ du bon curé qui vous
avait appelées et qui s'était toujours montré pour
vous un protecteur si dévoué. Mais j'ai dû céder aux
instances qu'il m'a faites pour son changement. C'est
donc lui-même qui a demandé son départ : il sentait
lui-même que la paroisse de Brebières demandait une
autre main pour la diriger. J'ai cru avoir fait un bon
choix dans M. l'abbé N... Il a laissé des regrets à
Montreuil et je ne doute pas qu'il ne prenne à cœur
aussi votre établissement que je lui ai, d'ailleurs,
bien recommandé... Il faut mettre votre confiance
dans l'avenir... Si vous avez des difficultés, je serai
toujours disposé à vous accueillir avec un intérêt
paternel. M. Roussel serait également dans les mêmes
dispositions à votre égard. Ainsi, ma chère fille,
ayez confiance. Continuez toujours votre œuvre avec
courage et le bon Dieu ne vous abandonnera pas... »

Mère Marie des Anges profita de cette bienveillance
pour surmonter certaines épreuves douloureuses qui
l'atteignirent à cette époque.

« Un jour me trouvant accablée sous le poids de
ma souffrance intime, je me sentis poussée d'aller
ouvrir mon cœur à Monseigneur. Je me rendis donc
à Arras, et je reçus l'accueil le plus paternel de Sa
Grandeur et de M. Roussel. Tous les deux comprirent

nos peines, m'encouragèrent fortement et me promirent leur appui. Ils m'offrirent une fondation à Calais dans un couvent de Bénédictines où nous trouverions une œuvre toute faite, des ressources matérielles...

« De retour à Brebières, je soumis la chose au Sacré-Cœur d'abord, puis à la Communauté, enfin à M. le Curé. On trouva que cette œuvre était l'avenir de la Communauté et qu'il fallait accepter. Mais pour une telle entreprise, nous manquions de sujets, de ressources matérielles, de tout ce qui, humainement parlant, pouvait en assurer le succès » (1).

Ce manque de ressources matérielles et de sujets ne pouvait arrêter Mère Marie des Anges. La prudence humaine taxe de folies ces sortes d'entreprises, et, détournant de son vrai sens le mot de Notre-Seigneur: — « Quel est celui qui, voulant bâtir, ne suppute d'abord les frais de construction ? » — traite d'inconsidérées les personnes qui vont ainsi de l'avant. Mais les saints, bâtisseurs, fondateurs d'œuvres ont toujours escompté les secours de la Providence, tout en faisant humainement ce qu'exigeait la prudence. Il le faut bien, d'ailleurs, sous peine de se réduire à une inaction douloureuse, et de consentir à l'avortement des plus généreux desseins. Les apôtres, envoyés, dès l'Ascension, aux quatre coins du monde, ont fondé l'Eglise universelle ; saint Dominique, de son vivant, a dispersé ses quelques premiers disciples ; et l'au-

---

(1) *Chronique*, p. 37-38.

mône chrétienne, inépuisable comme la charité qui l'inspirait, a suffi à tous les besoins et à toutes les constructions. Ce qui est de Dieu et contribue à sa gloire ne peut manquer des secours divins.

Quand il s'agit d'œuvres entreprises par des religieux, il faut que les sujets soient formés à la pratique des devoirs de la vie religieuse et de l'apostolat. Il faut, en outre, que la vie religieuse et l'apostolat puissent être menés de front sans détriment l'un pour l'autre. C'est pourquoi sont simultanément nécessaires le nombre, la qualité et les aptitudes spéciales des sujets. On l'exige pour les Congrégations définitivement organisées, et cela n'est possible qu'après bien des années de tâtonnements, d'insuccès partiels, d'épreuves multipliées. Pendant la période de fondation, surtout à l'origine, il faut marcher avec les éléments que la Providence a rassemblés et qui, s'ils ne manquent pas de certaines qualités foncières, ne sont pas le nombre cependant. Il arrive même que, parmi ces éléments, il se rencontre de l'ivraie qu'on ne peut arracher sans préjudice pour l'œuvre. Là encore, la Providence doit suppléer, et elle supplée.

C'était le cas pour Mère Marie des Anges. Elle n'avait pas sous la main tous les sujets nécessaires ; parmi ceux-ci, il s'en trouvait d'inaptes à la vie religieuse et à l'apostolat ; par ailleurs, aucune ressource matérielle. Cependant la conviction intime que son œuvre était voulue du Sacré-Cœur, la nécessité de se faire connaître pour le recrutement du noviciat, et la possibilité de la vie religieuse et de l'apostolat, ont inspiré, croyons-nous, Mère Marie des Anges dans ses fondations. D'autres motifs, que nous étudierons plus loin, et que dicteront des circonstances impérieuses, dirigèrent la Fondatrice ; mais le fond de ses pensées demeura le même : le culte du Sacré-Cœur doit rayonner, puisque l'amour divin en constitue l'essence. Une œuvre, toute dévouée à ce culte, doit s'étendre en largeur, en profondeur, en hauteur comme la charité du Christ. Et la rosée bienfaisante du ciel féconde le terrain des âmes pour faciliter l'éclosion et le développement de l'œuvre.

A cette conviction venait se joindre, chez Mère Marie des Anges, la certitude d'être approuvée par l'Eglise en la personne de l'Evêque d'Arras, puisque la proposition de Calais venait de lui, qui connaissait parfaitement l'état de la Communauté naissante. D'ailleurs, Mgr Lequette lui indiqua lui-même les moyens pratiques d'aboutir. Il fut décidé :

1° « que nous accepterions la fondation de Calais ;

2° que, pour nous procurer les ressources nécessaires, nous ferions une quête en France, en Angleterre et en Belgique ;

3° que nous ferions tout notre possible pour continuer l'œuvre de Brebières et de Marœuil ;

4° que ces maisons dépendraient de Calais ;

5° que M. de Lencquesaing, Doyen de Calais, serait Supérieur de la Communauté sans préjudice des droits de Monseigneur à qui nous pourrions recourir autant qu'il serait nécessaire » (1).

____

(1) *Chronique*, p. 38-39.

Ainsi, comme pour l'institution canonique de la Communauté, Mgr Lequette allait de l'avant, malgré tous les obstacles, avec une netteté de vue et une décision qui durent sérieusement affermir Mère Marie des Anges. Elle lui fut toujours reconnaissante d'avoir préparé l'avenir de la Congrégation naissante en lui ouvrant l'horizon et en la plaçant dans des conditions favorables à son développement. Elle revint d'Arras réconfortée et la joie dans l'âme. Approuvée, soutenue par l'autorité de l'Eglise, elle ne redoutait plus de se tromper.

« Ces décisions prises, continue la *Chronique*, nous nous occupâmes de leur réalisation. Immédiatement, je me rendis à Calais pour voir M. le Doyen qui m'accueillit avec une grande bonté et me donna, sur l'œuvre des Bénédictines, tous les renseignements possibles. Il me promit toute sa bienveillance pour la Communauté. Je vis aussi la Révérende Mère sainte Scolastique, Supérieure des Bénédictines, avec laquelle je m'entendis pour les conditions.

« Il fut convenu que nous louerions la maison pour trois ans au prix de 4.000 franc par an et que nous prendrions à notre charge une grande partie du mobilier. Nous garderions aussi les œuvres dirigées par ces dames.

« Les quêtes faites dans l'année 1878-1879 nous procurèrent les ressources suffisantes pour notre installation à Calais et le premier semestre de location.

« Nous partîmes pour Calais le 25 septembre 1879. Notre voyage fut très gai. Nous nous arrêtâmes à

Lille où, au Couvent, on nous fit un accueil tout fraternel. Le Révérend Père D... surtout a toujours été, pour notre Communauté, plein de bonté, de sollicitude et de dévouement...

« Les Bénédictines quittèrent Calais le 2 octobre pour se rendre au monastère de Longuenesse. Ce jour même, nous ouvrions le Pensionnat ; les élèves nous arrivèrent, nombreuses. Il y en eut jusqu'à 80 qui se dénombraient ainsi : 12 pensionnaires, un certain nombre de demi-pensionnaires et des externes...

« Les Calaisiens se prirent vite à aimer la Communauté, comme le genre d'éducation que nous donnions à nos élèves...

« Notre petit nombre était bien restreint pour tout le travail que nous avions à faire, mais chacune se dévouait : besogne et règle s'accomplissaient. Les exercices se faisaient régulièrement, nous étions unies comme des sœurs.

« M. de Lencquesaing se montrait bon pour nous, venait nous confesser tous les samedis. Cependant il nous interdisait de penser à nous cloîtrer, comme d'ailleurs à avoir un aumônier » (1).

M. le chanoine de Lencquesaing avait le culte de l'esprit paroissial ; il tenait à la présence des religieuses de sa paroisse à la messe de 6 heures qu'il célébrait, « pour l'édification » comme il disait. Il pensait aussi, nous le verrons, que l'apostolat des temps modernes exige que les religieuses puissent

---

(1) *Chronique*, p. 41.

sortir de leur couvent. Enfin, il souffrait avec peine qu'on tînt chapelle ailleurs qu'à l'église paroissiale.

Imbu de ces idées, il prit à l'origine, vis-à-vis des Dominicaines du Sacré-Cœur, une attitude qui les fit souffrir, surtout Mère Marie des Anges.

« Une petite épreuve vint nous tourmenter, mais elle ne fut pas longue. M. le Doyen, ignorant notre besoin de vivre de la vie du Sacré-Cœur, le vœu que j'avais prononcé et les faveurs que Mgr nous avait accordées, jugea qu'il n'était pas opportun de nous permettre l'exposition du Saint-Sacrement tous les premiers vendredis du mois. Il voulut même diminuer insensiblement le nombre des bénédictions accordées par Monseigneur. Mais le Cœur de Jésus daigna toucher notre vénéré Supérieur qui, peu à peu, à notre grande joie, nous rendit toutes ces grâces » (1).

Le vénérable curé de Notre-Dame avait fini par se rendre compte que des religieuses affiliées à un grand ordre, soumises à certaines de ses observances, ont à mener une vie intérieure qui réclame une certaine clôture ; il comprit que ces sortes de religieuses ne s'accommodent pas, sans préjudice, de l'apostolat en dehors à outrance. Et la rigueur de ses principes fléchit devant la douce ténacité de Mère Marie des Anges à faire valoir le caractère de son œuvre, l'obligation officiellement reconnue où elle était d'observer et de faire observer autour d'elle son vœu au Sacré-Cœur.

---

(1) *Chronique*, p. 41.

Le culte du Sacré-Cœur inspire tout pour Mère Marie des Anges. C'est le conseiller auquel elle recourt en toute occasion ; l'asile où elle se réfugie avec une absolue confiance.

Cependant, pour ne pas s'égarer, en suivant son sens propre, elle soumet à l'autorité ecclésiastique, jusqu'aux lumières dont son culte au Sacré-Cœur est la source. Des réponses émanées soit de Mgr Lequette, soit de M. Roussel, grand vicaire d'Arras, au sujet d'un aumônier et des expositions du Saint-Sacrement, le prouvent avec surabondance.

Quand on put affecter un prêtre au service religieux du couvent, les Sœurs eurent un aumônier ; les expositions du Saint-Sacrement reprirent dès que le permit un nombre suffisant de religieuses pour faire face à leurs multiples occupations. Si Mère Marie des Anges souffrit de l'absence d'aumônier qui les forçait à franchir la clôture et de la suppression partielle des adorations du premier vendredi, elle ne prononça jamais, cependant, de jugement défavorable sur la conduite de ses supérieurs ecclésiastiques. Leur volonté fut, pour elle, l'expression de la volonté divine : c'est là, nous tenons à le redire, la caractéristique de sa vie et de son gouvernement.

A cette épreuve s'en joignit une autre plus douloureuse : la fermeture du couvent de Brebières.

« Les Sœurs que nous y avions laissées ne pouvaient s'entendre, dit-elle dans la *Chronique*. M. W... se plaignait d'elles, et les choses en vinrent au point que nous dûmes demander à Monseigneur la permission de renvoyer Sœur Marie-Hyacinthe dans sa famille et de rappeler à Calais les deux autres. Cela arriva à la fin de novembre 1879 » (1).

Le coup fut rude pour Mère Marie des Anges. Brebières représentait à ses yeux les premiers pas dans une œuvre difficile ; et, de même qu'on s'attache fortement à ce qui nous a coûté beaucoup, ainsi elle s'attachait à sa première fondation.

« Dieu seul sait combien il nous en a coûté de fermer cette chère maison de Brebières. Nos souvenirs s'y reportaient toujours avec bonheur, et jamais nous n'oublierons les grâces que nous y avons reçues, les âmes que nous avons aimées et les souffrances qu'il nous a été donné d'y supporter. »

____

(1) *Chronique*, p. 42.

CHAPITRE III

HARDINGHEN ET CALAIS-SAINT-PIERRE

---

*Le Rosaire perpétuel. — La vie religieuse à Calais-Nord. —
Hardinghen. — Epreuves. — Le couvent du Sacré-Cœur. —
Pèlerinage à Paray-le-Monial et à Montmartre. — Les
« Dominicaines du Sacré-Cœur ». — Calais Saint-Pierre.*

1880-1889

Mère Marie des Anges, en vraie servante du Sacré-
Cœur, tenait son âme ouverte à toute initiative généreuse. Rien, sous ce rapport, ne la trouvait indiffé-
rente. Mis à part le culte du Sacré-Cœur qui rayonnait
sur toute sa vie, elle recourait volontiers aux dévotions
chères à l'Ordre de Saint-Dominique. Déjà les observances dominicaines étaient en honneur dans la Communauté du Sacré-Cœur, dès ses premières origines.
Elle accueillit avec joie, à Calais-Nord, le projet de
fonder le Rosaire perpétuel que lui proposa un Religieux dominicain, fervent serviteur de la Très Sainte
Vierge.

Laissons-lui raconter cet épisode de sa vie.

« Avant notre départ de Brebières, le Révérend
Père S... nous avait demandé de nous charger d'une

œuvre bien belle : la fondation du Rosaire perpétuel par la Communauté. Il désirait que, nuit et jour, il y eut une ou deux Sœurs devant Notre-Dame du Rosaire, et ainsi adapter cette œuvre contemplative à notre genre de vie ; du moins, c'était ainsi que nous l'avions compris. Nous nous prêtâmes, avec l'agrément de Monseigneur et de M. le Supérieur, à cette pensée du Révérend Père S... et nous commençâmes cette œuvre avec bonheur, car elle répondait à nos aspirations et était toute dominicaine. Nous fîmes cette réserve toutefois que la dévotion au Sacré-Cœur dominerait toujours dans notre maison et que nous n'abandonnerions pas l'enseignement, ni la Règle de Langres que nous avions embrassée et que nous aimions.

« Le Père S... nous envoya donc quatre postulantes qui commencèrent son œuvre. La garde d'honneur de Jésus et de Marie se faisait presque continuellement nuit et jour. Malheureusement, deux des personnes que le Père S... avait choisies pour son œuvre, n'avaient nullement la vocation religieuse ; nous dûmes les renvoyer. De plus, on voulait des choses que nous ne pouvions accorder sans compromettre l'avenir de l'œuvre et de la Communauté ; il nous fallut donc renoncer à nous en occuper davantage. Le Révérend Père prit lui-même le parti de retirer ses filles. Nous nous prêtâmes volontiers à leur départ ; car, expérience faite, il était clair que les deux œuvres ne pouvaient marcher l'une à côté de l'autre. Les Sœurs, vouées à l'enseignement, trouvaient dans l'exercice de leurs fonctions et l'accomplissement de la Règle, une fatigue surabondante pour leurs forces et un aliment suffisant pour leur zèle. Celles qui se destinaient à la vie contemplative souffraient de se trouver dans un milieu qui ne répondait pas à leurs aspirations. D'un autre côté, il nous était impossible de les former à un esprit différent du nôtre ; de là naissaient des tiraillements, des souffrances d'âmes que la vertu comprimait de part et d'autre, car nous nous aimions toutes fraternellement, et il nous fut très pénible de nous séparer ; mais cette séparation des deux œuvres était nécessaire.

« Je dus conduire les trois Sœurs, qui devaient se dévouer à l'œuvre du Père S..., à Bonsecours, en Belgique, où une religieuse de Mauléon, la Révérende Mère Rose de Sainte-Marie, les reçut et prit leur direction. Ces chères enfants partirent donc après avoir reçu le Saint Habit. C'était le 15 novembre 1880. Je fus les conduire pour les installer dans leur nouvelle demeure » (1).

Cet essai de fondation du Rosaire perpétuel dans la Communauté des Dominicaines du Sacré-Cœur fut, pour Mère Marie des Anges, l'occasion providentielle de déterminer les caractères fondamentaux de son œuvre : les institutions dominicaines, comme vie régulière, et, comme apostolat, l'enseignement : contemplation et action animées par le culte du Sacré-Cœur. Tout doit rentrer dans ce cadre, d'ailleurs très large ; et ce qui serait de nature à changer l'un ou l'autre aspect de cette vie en sera exclu. L'Eglise, par

____

(1) *Chronique*, p. 43-45.

l'Evêque d'Arras et l'Ordre, par le Provincial des Dominicains de France, ont approuvé Mère Marie des Anges en décidant la séparation des deux œuvres. Trop embrasser à la fois, c'est se condamner à la stérilité, car on s'expose à négliger l'essentiel. D'ailleurs. n'y a-t-il pas, pour les Instituts religieux comme pour les individus, une attribution de grâces et des fonctions spéciales ? L'Eglise n'est pas favorable à la multiplicé des œuvres dans un même Institut, et, quand on lui demande l'approbation des Constitutions, elle exige qu'on se caractérise nettement et qu'on se distingue des Congrégations déjà approuvées (1).

Or, c'était le cas, dès 1880, pour l'œuvre de Mère Marie des Anges. La Communauté de Calais-Nord, si restreinte fut-elle, menait pleinement la vie dominicaine dans ses observances foncières et les coutumes compatibles avec l'enseignement ; et comme note vraiment caractéristique, le culte du Sacré-Cœur pénétrant la vie intime, religieuse des Sœurs et leur apostolat. La Fondatrice, avec son bon sens et son esprit d'obéissance à l'autorité ecclésiastique, sut se priver, elle et ses filles, des douceurs et consolations que leur ménageait le Rosaire perpétuel, pour garder intactes les lignes fondamentales de son œuvre. C'est donc bien sa pensée que l'essai du Rosaire perpétuel l'a amenée à nous livrer. Ne la cherchons pas ailleurs; car si cette pensée se complète et se précise encore, ce ne sera jamais que sous des aspects dont la contingence ne peut entamer l'idée première et définitive.

---

(1) Normes de 1901, a. 8 ; Const. apost. *Conditae*, ch. I, a. 3.

Les décrets de 1880, l'apostasie de deux religieuses qui, venues d'une autre Communauté, s'étaient affiliées aux Sœurs de Calais, le trouble passager que leur mauvais exemple avait suscité dans la Communauté, assombrissent un peu Mère Marie des Anges ; mais bientôt, avec le calme rétabli, renaît la confiance. Elle constate néanmoins qu'il est dangereux de recevoir des sujets sortis d'une autre maison, malgré la valeur des motifs allégués ; que les amitiés trop humaines sont la peste dans les Communautés religieuses.

« Toutes ces tribulations, jointes à la faiblesse de notre Communauté, auraient dû, humainement parlant, nous réduire à néant ; mais le Cœur Sacré de notre divin Maître veillait sur son humble troupeau et le soutenait miséricordieusement. A partir de ce moment, tout marcha mieux dans la Communauté et le Pensionnat. Les volontés s'unirent, l'esprit religieux s'affermit et la Règle s'observa mieux ; l'autorité fut respectée, les conversations particulières entre Sœurs cessèrent ; tout rentra dans l'ordre...

« On sonnait le réveil à 5 heures du matin ; à 5 h. 15, on disait Prime et on faisait l'Oraison ; à 6 heures, nous allions à la messe à la paroisse ; à 7 heures, nous rentrions et récitions au chœur Tierce, Sexte et None ; à 8 heures, nous déjeunions ; à 8 h. 1/2, on entrait en classe jusqu'à 11 h. 50. Alors nous faisions l'examen particulier suivi de l'Angelus et du dîner. A midi et demi, récréation jusqu'à 2 heures ; de 2 à 4 heures, on rentrait en classe ou aux différents emplois. A 4 heures, Vêpres, complies, chant du *Salve Regina*. A 5 heures, lecture spirituelle ou conférence. A 6 heures, Matines et Laudes, puis l'Oraison. A 7 heures, Angelus, souper, récréation. A 8 h. 1/2, suffrages. Enfin, à 9 heures, le coucher.

« Le chapitre des coulpes se tenait régulièrement une fois par semaine. Nous faisions suivre les heures de l'Office de la Sainte Vierge de celui du Sacré-Cœur en français, heure par heure » (1).

Ce règlement — sauf le petit Office du Sacré-Cœur qu'on ne dit plus, et l'assistance à la messe paroissiale — est suivi dans tous les couvents de l'Institut.

Nous avons dit pourquoi M. de Lencquesaing exigeait des Sœurs qu'elles se rendissent à Notre-Dame pour l'audition de la messe. Il en faisait volontiers une question de principe.

« Vous n'êtes pas cloîtrées, écrivait-il à Mère Marie des Anges, le 11 septembre 1879 — avant même l'arrivée des Sœurs à Calais — et c'est un bonheur. Les religieuses non cloîtrées sont celles qui ont plus d'influence et font plus de bien. Dieu les a suscitées à notre époque, plus nombreuses, à cause des besoins actuels. »

Nous savons que Mère Marie des Anges n'était pas de cet avis, et qu'elle a toujours réclamé, pour ses filles, au moins la clôture partielle que l'Eglise impose, depuis les Normes de 1901, à toutes les Communautés de femmes. Son sens profond de la vie reli-

____

(1) *Chronique*, p. 47.

gieuse l'avertissait qu'une vie trop en dehors, non seulement nuit à l'esprit d'union à Dieu, mais aussi demeure stérile pour le bien. Il faut donner Dieu aux autres et, dans ce but, il est nécessaire de l'attirer et de le garder en soi dans la solitude du cloître.

Ce principe est plus rigoureux encore quand il s'agit de la formation des novices. A cette formation tout doit être subordonné, car l'avenir d'un Institut en dépend pour sa vie intime et son apostolat. Nous verrons M. de Lencquesaing lui-même, quand les Sœurs seront à Hardinghen, y insister beaucoup. Cependant, à Calais-Nord, où l'on forma les premières novices, il fallait subir ses exigences.

« Les postulantes et les novices suivaient les exercices de la Communauté. La Mère Prieure remplissait les fonctions de Maîtresse des novices ; du reste, toutes les Sœurs se considéraient comme novices et l'étaient en effet » (1).

Parmi elles se trouvait, à cette époque, une femme de grande distinction et de vertu solide, Mme veuve Richez, qui prit le nom de Sœur Catherine de Sienne.

« C'était, dit Mère Marie des Anges, une âme d'élite, aimant le bon Dieu sans mesure, et désirant se donner à Lui sans réserve... Son âge, son éducation distinguée nous faisaient espérer avoir en elle une religieuse sérieuse et capable. Nos espérances n'ont pas été trompées » (2).

---

(1) *Chronique*, p. 47.
(2) *Chronique*, p. 46.

Les trois religieuses de Marœuil vinrent se joindre au groupe de Calais vers la fin de 1881. Cette fondation était sans aucun avenir pour l'œuvre du Sacré-Cœur. Mme de Becquincourt reprit l'établissement à son compte et rappela les religieuses de la Providence qui avaient en elle une bienfaitrice. Dieu voulait un seul groupe pour la fondation d'Hardinghen qu'il nous faut maintenant raconter.

« Dans le courant de l'année 1882, dit la *Chronique*, nous dûmes nous occuper du renouvellement du bail de location de la maison, le terme du premier bail devant expirer à la fin de septembre. De leur côté, les Dames Bénédictines que nous avions remplacées à Calais, étant autorisées par le Gouvernement, durent demander à ce dernier l'autorisation de louer ou de vendre leur immeuble. Nous étions disposées à l'acheter ou à le faire acheter pour nous. Mais le Gouvernement répondit à ces dames que leur Communauté étant considérée comme dissoute, c'était lui, Gouvernement, qui était propriétaire. Cette réponse obligea ces Dames à protester et à reprendre possession de leur immeuble en se reconstituant à Calais.

« Cette décision nous obligeait à chercher un asile ailleurs. Nous aurions voulu le trouver à Calais ou à Saint-Pierre, ou dans un autre bon centre. Mais toutes nos démarches restèrent sans succès, comme celles de nos amis, du clergé de Calais et de Saint-Pierre, qui auraient voulu nous conserver dans leur ville.

« Nous savions qu'à Hardinghen il y avait une très belle propriété à vendre, mais l'isolement de ce village nous faisait hésiter, craignant de ne pouvoir y établir un Pensionnat. Nous cherchâmes donc dans les environs de Calais, de Saint-Omer ; à Audruicq, où une jolie propriété nous fut offerte. Mais, outre que la maison était insuffisante, il ne nous fut pas possible de nous entendre avec le propriétaire.

« Enfin, au mois de juillet 1882, nous fûmes informées par Mme Hamy, femme du notaire d'Hardinghen, que des amateurs sérieux se présentaient pour le château de cet endroit, qu'il était même question d'y établir un Pensionnat protestant anglais » (1).

Hardinghen — dont le nom qui signifie en celtique « lieu dur, difficile » — se justifie par les richesses minérales et les belles carrières de marbre que possède son territoire, est un village vieux de douze siècles. Il est situé à 20 kilomètres ouest de Boulogne, 8 kilomètres nord de Guines, et 9 kilomètres ouest-nord de Marquise. Simple hameau dépendant de Fiennes, il n'était composé encore que de quelques maisons à la fin du xvie siècle. A partir de 1693 on commença à y exploiter des mines de houille et de charbon minéral. Les ducs d'Aumont, gouverneurs du Boulonnais eurent le privilège exclusif d'extraire le charbon dans la province, puis ils cédèrent ce privilège aux MM. Désaudrouin, originaires du Hainaut.

Dès lors la population d'Hardinghen s'accrut d'une manière notable ; dans l'espace d'un demi-siècle elle

_____

(1) *Chronique*, p. 47.

avait à peu près doublé d'habitants originaires du Hainaut.

En 1720, Messire Jean-Pierre, vicomte de Désaudrouin, seigneur de la baronnie d'Ardres, d'Hénoelle et d'autres lieux, fit construire sur les hauteurs d'Hardinghen, à l'intersection des routes de Marquise et de Guines, le château, nommé depuis de la Verrerie. Il fonda en même temps, pour sa maison, la chapelle de la Sainte Vierge, à condition qu'il y aurait droit de sépulture pour lui et ses héritiers, à l'exclusion de tous autres. La première pierre fut posée le 8 juin 1749, par Messire Jean-Pierre de Désaudrouin, et la seconde, par son épouse, Adrienne-Alexandrine de Caroudelet, baronne de Noyelle.

Après la Révolution, le château de la Verrerie devint la propriété du comte de Liedekerke. Son gendre, le comte de Cunchy, y reçoit en 1831 et 1837, Mgr de la Tour d'Auvergne en tournée de confirmation.

M. Pinart acheta, en 1857, le château de la Verrerie. Il en était encore le propriétaire en 1882, quand on le mit en vente. Les projets en cours déplaisaient, et, pour les arrêter, on fit appel aux Dominicaines de Calais-Nord.

Celles-ci avaient été autorisées par Mgr Lequette à s'établir où elles voudraient, dans son diocèse.

Durant la vacance du siège épiscopal d'Arras qui suivit de près, M. Roussel, vicaire capitulaire, renouvela cette autorisation au sujet d'Hardinghen. M. de Lencquesaing, supérieur canonique de la Communauté, voyant l'embarras des Sœurs obligées de quitter Calais et ne trouvant rien qui convînt à leur œuvre, les décida pour le château d'Haringhen où M. Pinart, son dernier propriétaire, avait organisé une verrerie.

Une vision d'enfant vint aussi jeter sur cette fondation sa note mystérieuse. Mère Marie des Anges y vit une indication providentielle. Voici le récit qu'elle en fait dans la *Chronique* de l'Institut :

« Une orpheline, élevée par les Sœurs de Saint-Paul dans les dépendances du château et morte de la mort des saints il y avait très peu de temps, avait annoncé notre arrivée en ces termes : c'était après un profond sommeil, l'enfant s'éveilla brusquement et vit près d'elle la Supérieure qui ne la quittait pas. L'enfant la regarda d'un air étonné, en lui disant : « Comment, ma Sœur, c'est encore vous ?

— Mais oui, ma chère enfant, pourquoi paraissez-vous si étonnée ?

— C'est que je viens de voir des religieuses qui doivent vous remplacer ; il y en aura plein le château ; elles ne sont pas du tout habillées comme vous » (1).

Mère Marie des Anges reçut communication de cette vision quelques mois avant l'acquisition du château de la Vérrerie. L'enfant, âgée de 12 ans, était morte depuis peu. Elle ne pouvait, quand elle eut cette vision, avoir entendu parler des religieuses devant remplacer les Sœurs de Saint-Paul de Chartres.

Celles-ci, installées depuis vingt-huit ans au château, tenaient l'école pour les enfants des houilleurs.

____

(1) *Chronique*, p. 50.

« Elles avaient été maintenues au nombre de cinq, dit M. l'abbé Gournay, alors curé d'Hardinghen, mais Dieu n'a besoin de personne pour arriver à ses fins. Voici, en effet, que la divine Providence, qui dispose tout avec douceur et avec force, veut que les Sœurs de Saint-Paul aillent déployer leur zèle ailleurs, au sein d'autres populations. Ce sont des religieuses qui vont prendre la place d'autres religieuses, mais aussi avec une différence de costume, d'esprit, de règle et de mission...

« Diverses circonstances les amenèrent à Calais le 3 octobre 1879 ; elles y restèrent trois ans, puis la vénérée Mère, venant à apprendre que le château de la Verrerie, maison Pinart, était à vendre, se décida à l'acheter le 10 juillet 1882. La nouvelle en fut apportée le jour même au curé de la paroisse par la Révérende Mère Marie des Anges, accompagnée d'une de ses filles.

« Il fallait aussi informer de cette nouvelle les Sœurs de Saint-Paul de Chartres qui étaient installées là depuis vingt-huit ans, et leur signifier leur prochain départ. La Mère Marie des Anges, avec sa pieuse habileté et son jugement aujourd'hui bien connus, s'en tira à merveille. Le 20 septembre, les religieuses arrivaient de Calais et s'installaient dans le château de la Verrerie qui devenait le Monastère des Dominicaines du Sacré-Cœur » (1).

M. Roussel, vicaire capitulaire, approuva pleinement l'achat d'Hardinghen.

---

(1) *Chronique paroissiale d'Hardinghen.* J. Gournay.

« Bien que l'établissement d'Hardinghen, écrivait-il à Mère Marie des Anges, ne soit pas, à mon avis, aussi avantageux que celui d'Audruicq, je ne puis cependant que vous féliciter de la solution intervenue ; surtout des facilités providentielles que vous avez rencontrées pour amener, à tout point de vue, le succès de l'affaire. Dieu en soit béni !

« Le 27 septembre eut lieu la bénédiction de la chapelle, présidée par Mgr Tonti, secrétaire du Nonce apostolique à Paris. Le jeune et digne prélat tint à honneur de célébrer la sainte messe, de faire descendre lui-même pour la première fois le Dieu des vierges dans ce pieux sanctuaire et de procéder aux cérémonies liturgiques. L'assistance était nombreuse, les principales familles de la paroisse ayant répondu avec gracieuseté à l'invitation de la Mère Prieure, voulant ainsi donner aux Sœurs un témoignage de leur sympathique dévouement. Quatorze prêtres du canton, dont M. le Doyen de Guines, assistaient à la cérémonie. On y voyait aussi M. Senneville, ancien curé de Brebières. M. le Maire d'Hardinghen, M. Hamy s'y trouvaient » (1).

Le soir, au salut, le vaillant M. J. Gournay, « dont le cœur surabondait de joie... » bénit le ciel en faisant ressortir le bienfait inestimable accordé à son peuple bien-aimé, la présence des pieuses filles de Saint-Dominique ne pouvant être qu'une nouvelle source de grâces pour son humble ministère.

---

(1) *Chronique paroissiale d'Hardinghen*. J. Gournay.

La bénédiction de la chapelle d'Hardinghen qui scellait, pour ainsi dire, la fondation, fut suivie d'une épreuve très douloureuse pour Mère Marie des Anges et ses filles.

« Ici, comme ailleurs, dit-elle dans la *Chronique*, Jésus voulait marquer son œuvre du cachet de la croix ; elle ne tarda pas à venir cette croix bénie, voici comment :

« M. de Lencquesaing, notre vénéré Supérieur de Calais, désirait se démettre de son titre de supérieur de notre Communauté, afin de n'avoir plus à s'occuper d'une œuvre qui sortait de son Doyenné et aussi pour nous donner un protecteur plus puissant en la personne de M. le Grand Vicaire Roussel. Malheureusement, ce dernier était alors accablé par l'administration du diocèse, par l'arrivée de Mgr Meignan, nouvel évêque d'Arras... Il redoutait aussi de se charger d'une Communauté naissante qui s'établissait loin d'Arras, et il refusa le titre de supérieur. Il le fit en termes pleins de bonté et en nous promettant toujours son appui. Il nous engagea à demander M. l'abbé Deschamp, nouveau vicaire général, qui refusa également, parce que — Dieu le permettait ainsi — il avait été prévenu contre nous.

De son côté, Mgr Meignan, à qui nous avions dû exposer notre situation en suppliant Sa Grandeur de la régulariser, eut à subir aussi une influence qui nous était défavorable ; et, au lieu de répondre à nos supplications dans le sens que nous désirions, Monseigneur nous fit écrire par M. l'abbé Roussel, qu'il désirait voir notre Communauté fusionner avec une autre Communauté de notre Ordre et il nous offrait de faire toutes les démarches pour cela. Ce n'était pas un ordre que nous exprimait Sa Grandeur, mais un simple désir. Dans sa lettre, M. le Grand Vicaire Roussel ajoutait que Monseigneur désirait connaître à ce sujet la pensée de la Mère Prieure et celle des Sœurs.

« Cette lettre fut pour moi comme un coup de foudre ; je crus y voir la ruine de cette œuvre du Sacré-Cœur à laquelle j'avais voué ma vie. Je crus devoir ne la communiquer qu'aux Sœurs du conseil, à M. le Curé d'Hardinghen, notre digne et dévoué directeur, et au Révérend Père R. B..., dominicain, qui, en ce moment, était ici pour prêcher une retraite à nos élèves. Tous furent d'avis qu'il fallait supplier Monseigneur de laisser vivre la communauté sans l'affilier à une autre maison et de lui donner un supérieur qui la dirige dans l'esprit qui lui était propre. Des prières furent adressées au Sacré-Cœur de Jésus, en qui seul était notre espoir. Ce divin Maître daigna arranger toutes choses. Voici comment :

« J'écrivis à Monseigneur une longue lettre pleine de respect et de soumission pour le supplier de nous laisser encore telles que nous étions, lui rendre un compte exact de la situation matérielle et spirituelle de la Communauté. Monseigneur ne se montra pas satisfait de ma supplique et ne répondit pas ; mais j'appris peu de temps après qu'il avait dit qu'il ne nous considérait plus comme des religieuses. Cette rigueur de notre premier Supérieur fut un sujet de grande souffrance pour nous, pour moi surtout, car je n'en parlais pas à nos Sœurs afin de ne pas les décourager. Enfin le Sacré-Cœur de Jésus daigna mettre un terme à cette épreuve après trois longs mois de souffrance.

« M. de Lencquesaing, Doyen de Calais, que j'avais tenu au courant de notre situation vis-à-vis de Monseigneur, voulut bien se faire notre avocat auprès de Sa Grandeur et il plaida si bien notre cause que Monseigneur changea de sentiment à notre égard et nous accorda toutes les faveurs que nous lui demandâmes. Monseigneur pria M. le Doyen de continuer à être notre Supérieur et M. de Lencquesaing voulut bien accepter.

« Monseigneur nous autorisa à avoir le Saint-Sacrement dans notre chapelle et approuva le tableau des faveurs qui nous permettait d'avoir la bénédiction du Saint-Sacrement aux jours des fêtes de Notre-Seigneur, de la Sainte Vierge, des Saints de notre Ordre et aussi tous les vendredis et dimanches de l'année et à d'autres fêtes ; nous eûmes aussi la permission d'avoir le Très Saint-Sacrement exposé tous les premiers vendredis de chaque mois ainsi qu'à certaines fêtes.

« Nous étions pourvues d'un confesseur ordinaire qui était M. le Curé d'Hardinghen. Monseigneur nomma M. l'abbé Duvivier notre aumônier et confesseur extraordinaire. Sa Grandeur nous envoya sa paternelle bénédiction comme encouragement et par là, il mit fin à nos souffrances intimes.

« De son côté, M. de Lencquesaing, notre vénéré

Supérieur, se montra plein de zèle, de charité pour nous. Il nous fit sa première visite canonique le 2 février 1883 et depuis cette époque, nous avons eu recours à lui dans tous nos besoins, et il n'a cessé de se montrer un vrai père pour la Communauté » (1).

Tous les trois mois, il visitait les Sœurs, réglait leurs affaires avec bonté, prudence, charité et un parfait dévouement. Ce prêtre, par sa tenue sacerdotale, sa haute distinction, en imposait malgré lui. S'il envisageait la vie religieuse au point de vue moderne, c'est-à-dire en face des multiples besoins de notre société affairée, brûlant la vie, avide de mouvement, il n'en réclamait pas moins, et avec une grande énergie, la qualité dans les sujets, la durée intégrale du noviciat.

Pour l'entrée au noviciat, il exige « que tous les renseignements soient excellents », car c'est l'essentiel dans une Communauté naissante ; que les sujets soient utiles à la Communauté ; qu'ils aient une dot. Il ne voulait pas de personnes incapables de suivre la Règle, car c'est contraire à l'esprit de l'Ordre. Il félicite les Sœurs de marcher résolument dans le chemin de la perfection religieuse.

A propos d'un sujet, venant d'une autre Congrégation, il écrit à Mère Marie des Anges : « Vous devez comprendre que si cette religieuse était si parfaite, elle resterait, à mon avis, dans son couvent... Je déteste ces religieuses qui abandonnent leur couvent. Ce ne sont plus des âmes ferventes, généreuses... »

____

(1) *Chronique*, p. 55-57.

Il préfère les sujets élevés par des religieuses aux personnes élevées ailleurs, c'est-à-dire dans le monde. « On est si souvent trompé ! » Il y a cependant, de par le monde, de très belles âmes que Dieu se choisit et qui deviennent, dans le cloître, de saintes religieuses. Elles n'ont pas été formées par des religieuses, c'est vrai ; mais, attentives à la grâce qui les travaillait, ayant reçu, au foyer, une éducation première soignée, elles ont offert à Dieu, sous le voile, un jugement droit, une volonté souple, un cœur simple et pur. Cela ne suffit-il pas ? Mère Marie des Anges le pensait et, dans la suite, elle agréa avec joie de tels sujets.

Quoiqu'il en soit, elle se fit toujours un devoir d'entrer dans les vues de M. de Lencquesaing dont elle savait apprécier le dévouement et distinguer les vues justes sur la vie religieuse. De concert avec lui, elle organisa canoniquement, en novembre 1883, la Communauté d'Hardinghen. Un acte daté du 6 novembre 1883 établit que « désormais les Sœurs converses porteront l'habit religieux, tel que les Constitutions de Langres le décrivent ; — qu'elles diront l'Office comme il est statué par les mêmes Constitutions ; — que le Conseil conventuel institué tiendra lieu de chapitre et traitera toutes les affaires de la Communauté de concert avec le Supérieur ecclésiastique nommé par Monseigneur l'Evêque. »

Ces dispositions avaient été prises après un vote de la Communauté qui fut unanime à les accepter (1).

Dès cette année, les « montées au noviciat » se firent

---

(1) *Chronique*, p. 64-65.

régulièrement et M. de Lencquesaing prenait avec un visible plaisir « le convoi » pour aller à Hardinghen présider les cérémonies de vêture et de profession. N'était-ce pas aussi l'occasion, jamais négligée, de revoir ses « chères filles. » Celles-ci reconnaissaient sa bonté par « leurs prières, leur obéissance, et leur fidélité à mettre en pratique ses enseignements. »

A cette époque, Mère Marie des Anges eut le bonheur d'offrir l'hospitalité à la Prieure de Langres, Mère Saint-Dominique, dont la santé ébranlée réclamait un changement d'air. Les liens qui existaient entre Langres et Hardinghen en devinrent « plus forts, plus doux, plus fraternels. »

Quelque temps après, en janvier 1884, c'est la Maîtresse des Novices, Sœur Thérèse de Jésus, qui, venue à Boulogne pour y subir un examen avec une de ses novices, passe plusieurs semaines au monastère du Sacré-Cœur.

« A la fin de juin 1884, je dus céder aux instances qui m'étaient faites par nos Mères de Langres et aller les voir avec ma Sœur Sainte-Catherine de Sienne. Nous restâmes huit jours dans ce bien-aimé monastère et nous y reçûmes tous les témoignages possibles de l'affection, de la charité de nos Mères et Sœurs, en même temps qu'une édification profonde causée par la parfaite régularité et le bon esprit que nous y trouvâmes.

« En quittant Langres, nous allâmes à Paray-le-Monial, pour faire un pèlerinage au Sacré-Cœur et le remercier des bienfaits reçus. Il ne me sera jamais possible de rendre avec des expressions humaines ce que nos âmes éprouvèrent dans ce sanctuaire vénéré où l'amour du Cœur adorable de Jésus nous inonda avec une surabondance inexprimable. Oh ! Paray-le-Monial ! quel trésor tu possèdes et comme il est doux de contempler, de goûter, de savourer la divine tendresse du Cœur de Jésus dans le sanctuaire béni de la Visitation, aux pieds de la Bienheureuse Marguerite-Marie.

« Nous n'y restâmes qu'une seule journée, mais ce fut une journée du ciel dont nous garderons toujours le souvenir. Les Religieuses de la Visitation, que nous eûmes le bonheur de voir, nous firent l'accueil le plus cordial, le plus charitable ; elles nous offrirent des reliques, des cantiques que nous eûmes le plaisir de distribuer à notre retour.

« En passant à Paris, nous visitâmes également la basilique de Montmartre, nous eûmes le bonheur d'y faire la sainte Communion. Là, comme à Paray, nous sollicitâmes, pour les âmes qui avaient droit à nos prières ou qui voulaient y avoir part, la protection du Sacré-Cœur. Nous eûmes aussi le bonheur de faire la connaissance du Très Révérend Père Provincial, le Père Faucillon, qui nous fit un accueil tout paternel et nous assura de sa bienveillance. Le Révérend Père s'est toujours montré bon et plein de charité pour notre Communauté. C'est à lui que nous devons la faveur de notre affiliation à notre saint Ordre, obtenue du Révérendissime Père Larroca, Maître général de l'Ordre, le 20 septembre de l'année 1883 » (1).

____

(1) *Chronique*, p. 63-64.

Les relations de Mère Marie des Anges avec l'Ordre de Saint-Dominique, furent toujours remplies de fraternelle et respectueuse cordialité. Les Pères des couvents de Lille et d'Amiens se succédèrent à Hardinghen, soit comme aumôniers intérimaires, soit, surtout, comme prédicateurs de retraite. Les Révérends Pères Hoffman et Boulanger, de vénérée mémoire, y prêchèrent, l'un des retraites, l'autre pour l'inauguration des fêtes du Sacré-Cœur.

Mère Marie des Anges termine la chronique des Origines de l'Institut, sur son pèlerinage à Paray-le-Monial et à Montmartre. Elle semble ainsi confirmer le but qu'elle avait assigné à cette relation écrite de ses souvenirs : témoigner au Cœur de Jésus la reconnaissance qui remplissait son âme pour les multiples bontés dont Il l'avait comblée. Cette dévotion a fait jusqu'ici l'unité de sa vie et de son œuvre. Elle soutient ses efforts au couvent de Mazan ; caractérise la fondation de Brebières, et la sauve en deux circonstances graves, de l'affiliation à un autre Institut ; elle lui imprime le sceau de charité qui en fait une famille et lui donne une grande puissance d'expansion. Grâce à elle, Mère Marie des Anges et son œuvre arrivent à se confondre au point que l'histoire ne peut les séparer. La fondatrice, inspirée par le culte du Sacré-Cœur, communique à ses filles ses pensées, ses désirs, et celles-ci, à leur tour, en imprègnent leur apostolat. Un grand courant de vie, dont la source est en Dieu, passe par le cœur de la mère et celui de ses filles, pour se répandre sur les enfants qu'elles élèvent et rejaillir dans la vie éternelle ! « Un seul cœur, une seule âme, dit la Règle de Saint-Augustin, et ce fut la note dominante à Brebières, Calais-Nord et Hardinghen.

Mère Marie des Anges l'éprouvait comme une grâce insigne du Sacré-Cœur : elle en prenait occasion de remercier son divin Bienfaiteur et d'espérer en l'avenir.

Dès la fondation d'Hardinghen, elle appliqua les Sœurs à l'éducation des filles riches et pauvres de la paroisse et des environs. Elle fit prendre des brevets aux religieuses et plus tard institua des leçons de pédagogie pratique. Ne fallait-il pas que l'œuvre fût à la hauteur de toutes les exigences ?

La continuatrice de Mère Marie des Anges relate dans la *Chronique* les cérémonies de vêture et de profession, les exercices religieux prêchés par les Pères de Lille et d'Amiens ; la visite « toute paternelle » de Mgr Dennel, le 1ᵉʳ mai 1885, visite qui en rappelle d'autres faites à Brebières et à Calais par Mgr Lequette ; les deux visites de M. le chanoine Dumas qui rendirent si heureuses Mère Marie des Anges et ses compagnes de Mazan.

Une lettre du Révérendissime Père Larocca, en septembre 1886, autorise les Sœurs à porter le titre de « Dominicaines du Sacré-Cœur. » En octobre de la même année, c'est la séparation des Novices du reste de la Communauté.

Le 15 janvier 1887 a lieu, pour la première fois, au couvent, l'Adoration perpétuelle diocésaine, autorisée par Mgr Dennel et prêchée par le Père Hoffman,

7

Prieur des Dominicains d'Amiens. La même année voit le baptême et la première communion de Mme de Courcy, Anglaise mariée à un catholique, et de sa fille Ninnie, élève du Pensionnat.

La vie religieuse se développait lentement avec les entrées au noviciat. On ne peut mieux la caractériser, à cette époque, qu'en lui appliquant le mot de sainte Catherine de Sienne : « La religion de mon Père saint Dominique est toute large, toute joyeuse, toute parfumée. »

Il nous faut maintenant raconter la fondation de Calais Saint-Pierre qui coûta à Mère Marie des Anges tant de sacrifices, sans autre compensation que le bien accompli. Voici comment la *Chronique* relate ce fait important :

« Dans le courant de juillet 1885, M. l'abbé Dollet, curé de Saint-Pierre-lez-Calais, venait nous demander d'établir dans sa grande paroisse une succursale de notre Communauté, et nous faisait espérer que cet établissement pourrait procurer la gloire de Dieu et le développement de notre petite famille. Pour nous encourager, il nous promit son appui. Il ajouta que si nous refusions, une autre Communauté était disposée à s'y établir et qu'un nouveau Pensionnat à Saint-Pierre pourrait nuire au recrutement des élèves à Hardinghen. D'un autre côté, plusieurs de nos Pères nous conseillèrent d'acquiescer au désir de M. Dollet ou, du moins, d'examiner la chose et de faire ce qui dépendrait de nous pour connaître, à ce sujet, la sainte volonté de Dieu.

« La Communauté fut invitée à prier beaucoup à cette intention. M. de Lencquesaing fut consulté ; il accueillit d'abord la chose un peu froidement, puis il nous autorisa à chercher un immeuble convenable pour l'installation. Plus tard, il se montra opposé à la chose par crainte que notre établissement ne soulève quelques difficultés de la part des Communautés déjà établies à Calais. M. le Curé de Saint-Pierre revint à la charge ; M. l'abbé Briet, vicaire de Saint-Pierre, fut aussi député vers nous plusieurs fois par son vénérable curé, pour nous presser de ne pas nous décourager.

« Les Mères du Conseil, consultées, se montraient peu disposées à aller de l'avant dans une entreprise qui, si elle offrait des avantages, présentait entre autres inconvénients, celui d'affaiblir la Communauté en séparant ses membres avant leur entière formation ; le manque de ressources matérielles, la crainte d'être obligées de contracter de grosses dettes, etc... Nous étions dans cette alternative d'avancer ou de renoncer à ce projet, lorsqu'on nous offrit la succession d'un Pensionnat à Desvres, dans des conditions qui semblaient très avantageuses. M. de Lencquesaing et M. le Doyen de Desvres nous encouragèrent fortement dans ce dernier projet, mais en même temps, ils nous demandaient certaines choses qui nous semblaient incompatibles avec nos saintes observances, surtout avec la clôture. Pour trancher la question et pour connaître ce que le bon Dieu voulait par l'organe de notre premier Supérieur, notre Mère se décida à aller exposer la chose de vive voix à

Mgr Dennel, évêque d'Arras. Sa Grandeur lui fit un accueil tout bon, tout paternel et après avoir entendu l'exposé des deux projets de fondation, elle décida que nous abandonnerions la pensée de prendre la succession du Pensionnat de Desvres et que nous nous occuperions sérieusement de l'établissement à Calais-Saint-Pierre. Sa Grandeur promit à notre Mère son appui pour que la chose se fît dans les conditions voulues par nos saintes Règles et donna l'autorisation de louer ou d'acquérir un immeuble, et de contracter un emprunt si la chose était nécessaire.

« Sûres, dès lors, d'être dans la sainte volonté de Dieu, nous fîmes des recherches sérieuses pour trouver une maison convenable avec un jardin assez spacieux... Nous nous décidâmes enfin à acquérir une propriété située entre les rues Champaillier et Chantilly... Monseigneur nous autorisa à accepter un don de Sœur Saint-Joseph du Sacré-Cœur de Collomé, pour faire face aux frais de cette acquisition.

« Toute cette affaire a été examinée plusieurs fois et votée par les Mères du Conseil qui, de concert avec notre Révérende Mère Prieure, en ont pris toute la responsabilité ; elle fut approuvée par M. de Lencquesaing en sa visite canonique du 15 novembre 1887 » (1).

Mgr Dennel, dans une lettre datée du 7 septembre 1888, et conservée aux archives de l'Institut, pose les

____

(1) *Chronique*, p. 86-88. — Registre des délibérations ordinaires du Conseil, p. 10-12.

conditions de la fondation de Calais-Saint-Pierre. Après avoir réglé la question des confesseurs ordinaire et extraordinaire et celle de l'aumônier, il ajoute :

« Je confirme volontiers le choix que vous avez fait pour notre nouvelle fondation. Que Dieu bénisse la Supérieure et son œuvre ! Il est entendu que la nouvelle fondation est une succursale d'Hardinghen. »

Ainsi dûment autorisées à procéder à une fondation dépendant d'Hardinghen qui serait considérée comme Maison-Mère, les Sœurs s'engagèrent résolument dans la voie que la Providence leur indiquait.

« Le plan des constructions de notre maison de Calais a été fait par le Révérend Père Biolley, architecte du couvent de Louvain. Le plan a été approuvé par M. de Lencquesaing. »

Un an se passa à cette construction du couvent de Calais. Mère Marie des Anges en avait posé la première pierre le 8 décembre 1887. Elle se rendait d'Hardinghen à Calais, au moins deux fois par semaine, pour surveiller et activer les travaux.

En juin 1888, Mgr Dennel voulut, par sa présence, encourager les Sœurs. Il descendit au couvent d'Hardinghen et y demeura trois jours. Il confirma les élèves du Pensionnat et se retira en promettant de revenir.

Le 28 septembre 1888, Mère Marie des Anges conduisit à Calais les Sœurs désignées pour la nouvelle fondation. Celle-ci fut érigée en Vicariat dépendant d'Hardinghen avec, comme première Supérieure,

Mère Sainte-Catherine de Sienne Richez, originaire de Calais.

Le 29, en la fête de Saint-Michel, eut lieu la bénédiction de la chapelle et du couvent. « M. le chanoine Dollet, curé-doyen de Saint-Pierre, délégué par Mgr Dennel, procéda à cette bénédiction. Il chanta la grand'messe. Les parents des élèves, les amis de la Communauté, heureux de voir les Dominicaines se fixer définitivement à Calais, y assistaient en grand nombre. A l'Evangile, le Père Levigoureux, Prieur des Dominicains de Lille, bâtisseur de couvents lui aussi, qui avait soutenu Mère Marie des Anges et de ses sages conseils et de son généreux appui, dit quelle mission allaient remplir à Calais les Dominicaines du Sacré-Cœur. Son discours produisit sur l'auditoire de choix qui l'écoutait une profonde impression :

« Filles du Sacré-Cœur et du grand patriarche saint Dominique, dit-il en terminant, vous serez les mères de toutes les enfants que l'Eglise va vous confier. La moisson est grande ici ; il n'y a pas trop d'ouvriers, il n'y en aura jamais assez ! Oh ! soyez saintement fières de votre mission : gagnez des âmes à Dieu, travaillez pour Lui seul ! »

Puis, s'adressant au clergé de Calais :

« Gardez-les, veillez sur elles comme vous veilleriez sur l'Hostie du Tabernacle ;... défendez, au besoin, ce monastère ; toutes les pierres en sont sacrées. »

Enfin se tournant vers l'autel où allait bientôt résider le divin Maître : « O Jésus, ne permettez jamais que l'on vous chasse de cette demeure ; vous allez en

prendre possession ; restez-y toujours, toujours !
Vierge du Rosaire, venez avec votre Fils ; descendez
du ciel, saints et saintes de notre famille : saint Dominique, sainte Catherine de Sienne, saint Pie V, sainte
Rose ; venez, oui, venez tous, cette maison est la
vôtre ; ici, on vous aimera, on vous priera, on vous
bénira... » (1).

L'œuvre de la Réparation fut inaugurée, à Calais,
le premier vendredi d'octobre. L'ouverture des cours
eut lieu le 15 octobre 1888. Les élèves vinrent peu à
peu et cette première année fut spécialement bénie de
Dieu. Les difficultés pressenties pour l'observance
régulière s'aplanirent. « M. le Doyen de Saint-Pierre,
comprenant notre désir d'observer la clôture, voulut
bien le seconder. Il obtint de Mgr Dennel que nous
ayons les Offices dans notre chapelle ; les élèves
purent y assister, même les dimanches et les
fêtes » (2).

La cheville ouvrière de cette fondation fut Mère
Marie des Anges. Elle en assuma la principale responsabilité, fit toutes les démarches, surveilla les travaux
lors de la construction du couvent ; reçut comme un
poids énorme, la surprise d'un devis mal établi qui
dépassa les prévisions de plus de la moitié ; surmonta
toutes les répugnances, toutes les tristesses, toutes les
froideurs ! Fondatrice d'Hardinghen, fondatrice de
Calais, elle s'appuya sur le Sacré-Cœur de Jésus qui

____

(1) *Chronique*, p. 92-93.
(2) *Chronique*, p. 94.

ne lui fit jamais défaut, et sur ses Supérieurs ecclésiastiques qui ne purent, en l'approuvant, qu'admirer son esprit de foi, sa vaillance, son humilité, sa conception large et ferme de la vie religieuse comme source d'apostolat.

La correspondance échangée à cette époque entre Arras, Calais et Hardinghen, en fait foi. Il y eut toujours entre l'Evêque, M. de Lencquesaing et Mère Marie des Anges une grande loyauté de rapports ; un respect simplement filial de Mère Marie des Anges à ses Supérieurs ; de la vénération, — disons le mot, puisque nous l'avons rencontré, — du côté de l'Evêque et de l'Archiprêtre de Calais, vis-à-vis de cette religieuse, totalement oublieuse d'elle-même, ne songeant qu'au règne du Sacré-Cœur, au **progrès** spirituel de ses filles et au bien des âmes.

Calais lui coûta beaucoup. Pour couvrir les emprunts, elle dut faire appel à la générosité de ses filles qui, avec la permission des Supérieurs, mirent dans cette fondation une partie de leur patrimoine. On peut donc dire, à leur louange, qu'elles sont vraiment, avec leur Mère, les fondatrices du couvent de Calais. En prescrivant contre ce droit, l'expulsion violente ne pourra jamais leur enlever cet honneur !

CHAPITRE IV

1889-1894

A l'épreuve des fondations se joignit, pour Mère Marie des Anges, celle de la maladie. Une bronchite aiguë, une laryngite granuleuse la retinrent longtemps à l'infirmerie. Malgré cela, on voulut célébrer à Hardinghen, le vingt-cinquième anniversaire de sa Profession religieuse. Cette fête de famille eut lieu le 2 juillet 1889, sous la présidence de M. de Lencquesainq qui, à la Messe, raconta et commenta les faits arrivés depuis Brebières. Il releva les grâces innombrables accordées à la Communauté par le Sacré-Cœur. Le soir, élèves et maîtresses, rivalisant de zèle, offrirent, dans une séance récréative, et chantèrent leurs hommages à celle qu'elles appelaient leur « Mère. »

Le curé de la paroisse, l'apostolique M. Gournay, se mit de la partie et retraça, en patois du Portel, les premières années de Mère Marie des Anges, puis, laissant déborder le trop-plein de son âme si avertie des choses de Dieu, il redit les vertus religieuses de la vénérée jubilaire.

Presqu'un an après ces fêtes jubilaires, la mort, instrument de la justice, mais aussi des miséricordes de Dieu, frappait ses premiers couprs dans la famille religieuse de Mère Marie des Anges. Ne fallait-il pas que l'œuvre reposât pleinement sur le sacrifice ? « Si vous voulez être mes disciples, annonçait Jésus-Christ, renoncez-vous à vous-mêmes, prenez votre croix et suivez-moi ! »

Le 20 juillet 1890, s'éteignait doucement Sœur Marie Imelda du Sacré-Cœur, née Marguerite Bertrand. Mère Marie des Anges dicta une notice biographique que nous relevons dans la *Chronique*.

« Sœur Marie Imelda naquit à Paris le 30 août 1857. Elle perdit sa mère alors qu'elle n'avait que 2 ans. M. Bertrand, obligé de quitter la France pour affaires, confia son enfant aux soins de sa belle-mère, Mme Foissart. Celle-ci, après lui avoir prodigué des soins vraiment maternels, la plaça au Pensionnat des Dames de Saint-Thomas de Villeneuve, à Saint-Germain-en-Laye.

« La santé de la pauvre petite lui fit sentir, toute jeune encore, le poids de la douleur. Le bon Dieu voulut par là préparer son âme aux grâces qu'Il lui réservait et sans doute aussi, la préserver de la contagion du monde, pour lequel elle aurait peut-être eu de l'attrait si l'infirmité ne l'eût obligée de vivre loin de tout éclat et de toute société bruyante. Grâce à

Dieu, elle a toujours ignoré ses dangers et elle n'en a pas subi les atteintes. En la faisant recevoir, dès l'âge de 8 ans, chez les Dames de Saint-Thomas de Villeneuve, pour l'y laisser jusqu'à son entrée dans notre Communauté, le Cœur de Jésus montrait sa divine protection sur cette âme.

« Marguerite avait une de ces natures qui ont de la peine à se vaincre, et quand elle voulut se donner généreusement à la pratique de la vertu, elle sut ce qu'il lui en coûta ! La lutte entre la grâce et la nature commença pour elle, dès que, par les soins vigilants et affectueux de ses religieuses maîtresses, elle apprit à aimer Dieu, à vivre de la vraie vie chrétienne au pensionnat. Marguerite se prépara au grand acte de sa première Communion avec soin, et la grâce orna son âme pour ce beau jour.

« La dévotion au Sacré-Cœur de Jésus a toujours été sa dévotion de prédilection, et l'on peut dire qu'elle a marqué sa vie d'un cachet particulier. Il est touchant de lire le récit qu'elle a laissé des fêtes qui eurent lieu au Pensionnat de Saint-Germain, à l'occasion de la bénédiction d'un groupe représentant le Sacré-Cœur de Jésus et la bienheureuse Marguerite-Marie. Elle l'avait offert pour transformer en un petit sanctuaire la classe des grandes élèves. On est aussi édifié à la lecture du récit de ses pèlerinages à Montmartre ; l'âme ardente de Marguerite s'y révèle tout entière. Son bonheur, ses plus chères jouissances, étaient à cette époque, — elle avait 18 ans, — d'aimer le Sacré-Cœur, de se dévouer pour sa gloire et de propager son culte au Pensionnat.

« Marguerite avait aussi une dévotion tendre, filiale et pratique envers la Très Sainte Vierge. Son dévoué et vénéré directeur, le Père Besson, religieux mariste, lui avait inspiré un amour particulier pour Notre-Dame de la vie cachée et, par suite, un attrait puissant pour la vie intérieure. Sous ces saintes influences, Marguerite ne pouvait choisir un état de vie qu'à l'ombre des autels, elle se sentit appelée à la vie religieuse... Le Sacré-Cœur parla surtout à cette âme et elle nous demanda son admission. Le 20 août 1880, elle entrait chez nous et le 21, elle montait au noviciat pour la fondation du Rosaire perpétuel. Son postulat se passa fort péniblement ; elle fut cruellement tentée au point que, plusieurs fois, elle crut s'être trompée de voie. Les sacrifices de la vie religieuse, le froissement des caractères, — il faut bien le dire aussi, — la lutte incessante que lui livrait la pauvre nature, ses tendances à la jalousie, l'orgueil avec ses révoltes, tout cela constitua pour la pauvre enfant des heures de défaillance et d'angoisses durant lesquelles elle souffrit beaucoup. Mais le bon Dieu lui fit la grâce de ne jamais garder une pensée pour elle : elle s'ouvrit à qui de droit de ses misères et finit par remporter la victoire.

« Son caractère se montra parfois difficile, ombrageux ; elle l'avouait, le reconnaissait, luttait et s'humiliait. Si son bon ange a pu, malheureusement, constater des défaites, il a eu, plus souvent encore, à enregistrer des victoires ; non seulement durant son postulat, mais aussi pendant les neuf années de sa vie religieuse.

« Marguerite était spirituelle ; son jugement, droit; son éducation soignée ; son instruction, complète. Elle aimait la régularité, était presque toujours la première à la chapelle. Sa tenue religieuse, le soin scrupuleux avec lequel elle s'appliquait aux cérémonies du chœur, l'ordre parfait qui régnait sur sa personne et dans ses emplois, le soin qu'elle donnait aux enfants de sa classe, tout cela a dû être pour elle, l'occasion de gagner de précieux mérites et de témoigner son amour au bon Dieu.

« Vers la fin de son postulat, son attachement pour la Communauté et son cher titre de Dominicaine du Sacré-Cœur, furent mis à l'épreuve par le transfert en Belgique de l'œuvre du Rosaire perpétuel. Elle ne voulut pas suivre, à Bonsecours, les Sœurs venues avec elle pour la même œuvre. Sa vocation se décida définitivement à cette époque. Elle fut admise au Saint Habit le 4 février 1881 et reçut le nom de Sœur Marie Imelda du Sacré-Cœur.

« Son noviciat fut marqué par des dispositions analogues à celles de son postulat. Sœur Marie Imelda s'abandonna, dès lors, avec simplicité à la conduite de Dieu sur son âme et à celle de sa Prieure, luttant contre ses défauts, tombant de temps en temps, se relevant après ses faiblesses, s'humiliant sincèrement, se dévouant pour la Communauté, se formant à la vie intérieure et à l'esprit de sacrifice, bravant la faiblesse de son tempérament pour observer la Règle dans tout ce qu'elle a d'austère. Rarement elle omettait de se lever au réveil et d'assister à Prime ; toujours elle donnait sa voix à l'Office. Elle ne manquait jamais à son heure de garde ; elle n'omettait aucune des petites observances et n'acceptait les dispenses que par obéissance. Quelques mois avant sa Profession, le démon troubla son âme par les appréhensions de l'avenir, la crainte des sacrifices que l'on rencontre dans la vie religieuse. Sœur Marie Imelda eut beaucoup à souffrir intérieurement de ces tentations, mais le Sacré-Cœur de Jésus, qu'elle invoqua avec confiance, la rendit victorieuse.

« Une prière copiée dans le manuscrit qui contient les impressions de sa retraite préparatoire à l'émission de ses vœux de cinq ans, nous révèle les disposition de son âme à cette époque :

« Cœur de Jésus, vous voyez la perplexité où se trouve mon âme ; je suis prête à succomber. Je veux bien faire profession, mais la souffrance m'effraye. Cependant, c'est le moment d'accomplir la promesse que je vous ai faite d'être votre victime. Oh ! oui, Cœur bien-aimé, c'est à présent que je puis vous vouer le martyre de ma vie ; toujours vous me comprendrez ; en Vous seul, je trouverai la paix, le calme et le bonheur !... »

« Le 24 août 1882, notre chère Sœur fit sa première profession. Ce jour-là, son âme était vraiment radieuse et sa donation à Dieu fut complète... Dès lors, Sœur Marie Imelda se donna toute à ses devoirs et au travail de sa perfection. Un des besoins de son âme fut d'expier ce qu'elle appelait « les égarements de sa vie. » Pour cela, elle demanda au bon Dieu de lui accorder sept à huit ans de vie religieuse avant de la retirer de ce monde et la grâce de pouvoir, dans la souffrance, se préparer à la mort. Elle ne fut que trop exaucée !... »

« Le 3o avril 1887, cinq ans plus tard, Sœur Marie Imelda fut admise aux vœux perpétuels. Laissons-la nous dire elle-même, dans les épanchements filiaux qu'elle avait avec sa Mère Prieure, les opérations de la grâce dans son âme et le bonheur avec lequel elle se prépara à s'unir à Jésus pour toujours.

29 juillet 1887.

« Dans un mois, je serai à la veille de ma profession des vœux perpétuels. Je n'ai donc plus que bien peu de temps pour me préparer... On dit que la Profession est un second baptême !... O mon Dieu que je serais heureuse si je pouvais obtenir, par ma ferveur, la grâce d'être purifiée de toutes mes fautes ! Dans un mois, je serai l'épouse de Jésus pour toujours !... A vous, Mère bien-aimée, je serai votre fille !... »

3o juillet.

« Mon Père Besson m'a envoyé, ce matin, un joli cantique et une bonne lettre !... Comme toujours, mon âme a sursauté !... Ces petites gouttes de rosée sont toujours bien accueillies ! Je suis si sensible aux marques d'affection de quelques âmes aimées... »

3 août.

« A la méditation ce matin, il nous était dit que les afflictions étaient nécessaires à l'âme, surtout à l'âme religieuse !... J'entends l'affliction du cœur, car je trouve, en effet, que celle-là calme les sentiments trop ardents... elle rapproche de Dieu et fait sentir que la terre est insuffisante !... Pauvre terre où tout s'effeuille si vite... où tout bonheur est si court, où toute fleur est si tôt fanée !... »

5 août.

« Nous avons passé une délicieuse fête de Saint-Dominique ; hier, tout était embaumé des parfums du ciel... Je trouve qu'on n'a jamais chanté avec tant d'ardeur et de cœur... j'ai eu un petit sentiment d'orgueil, à vrai dire... j'espère que Dieu m'aura pardonné, car, si j'étais occupée à ce que tout allât bien, c'était par amour pour ma famille religieuse... »

21 août.

« C'est donc ce soir que commence la retraite, retraite bien précieuse pour moi puisqu'elle doit me préparer au plus grand acte de ma vie ! La profession des vœux perpétuels est, ce me semble, pour la religieuse, une espèce de sacerdoce. Se donner à Dieu pour toujours, sans retour ; oui, c'est bien cela que je veux, c'est bien cela que je désire !...

« Combien ai-je à m'humilier ! Combien ai-je à remercier le bon Dieu ! Combien ai-je à lui demander sa grâce !... Bénissez-moi, Cœur de Jésus, recevez-moi dans le sein de votre miséricorde... »

2 2 août.

« La retraite s'est ouverte hier, à 6 heures du soir. J'ai, dès le début, ouvert mon âme à Dieu, afin qu'Il y fasse entrer librement l'action de sa grâce... Une parole m'a surtout frappée : « Craignez Jésus qui passe et ne revient pas ! » Oh ! oui, Il va passer près de moi en ces jours bénis ; résisterai-je à sa voix ? Non, non, je veux commencer sérieusement à écouter la parole du Maître.

« J'avoue cependant que j'avais l'âme troublée et encore un peu maintenant : la pensée de mes fautes graves me pèse, je voudrais les avoir toutes accusées pour n'y plus songer... La méditation de ce matin m'a un peu calmée, c'était sur la conversion ! Pour se convertir, il faut le vouloir, mais le vouloir avec énergie et persévérance. Il ne faut pas être téméraire, se disant : Je me convertirai plus tard. Le plus tard ne nous appartient pas ! Il ne faut pas non plus se désespérer, ni se décourager. Les plus vives tendresses de Jésus étaient pour les pécheurs ! N'a-t-il pas attendu la Samaritaine, près du puits de Jacob ? N'a-t-il pas laissé Madeleine s'approcher de Lui ? Ne lui a-t-il pas dit : « Beaucoup de péchés vous sont pardonnés parce que vous avez beaucoup aimé ! » Ces dernières paroles, Notre-Seigneur me les adresse aussi : « Vous m'avez beaucoup offensé, semble-t-il me dire, mais vous avez beaucoup aimé mon divin Cœur, vous l'avez fait aimer et, en retour, je vous pardonne. Oui, le Cœur de Jésus me la répète souvent cette parole et je crois que Notre-Seigneur fera pour moi ce qu'il a

8

fait pour Madeleine ; j'espère qu'il m'aidera à devenir une sainte !... Je me souviens d'une parole qui fut pour moi le point de départ d'un mieux sensible et le germe de ma vocation religieuse : « Je veux être une sainte ! je veux laisser la grâce élever mon âme. La terre m'est trop funeste, je veux regarder le ciel ! »

23 août.

« J'ai reçu le sacrement de pénitence ! Oh ! que j'ai l'âme légère ! que je suis heureuse ! pour un moment d'humiliation, on a ensuite un bonheur plus profond !... »

On fondait sur Sœur Marie Imelda du Sacré-Cœur, de sérieuses espérances. Mais « elle était, dans les desseins de la sagesse divine, choisie pour aller au ciel être l'avant-garde de la Communauté. Avant de l'appeler à lui, le divin Maître a daigné purifier et orner son âme dans le creuset de la souffrance. Sa longue maladie a été un vrai martyre. Son corps épuisé par une consomption lente et douloureuse, ressemblait à un vrai squelette. Son âme eut aussi sa part de souffrance. Sœur Marie Imelda redoutait la mort et appréhendait les jugements de Dieu ; par ailleurs, un sentiment naturel et tout à fait involontaire la faisait tenir beaucoup à la vie. Le sacrifice de cette misérable vie fut donc bien méritoire pour elle et elle l'accomplit avec une grande générosité.

« Quelques jours avant sa mort, elle recevait la bénédiction de Monseigneur notre Evêque, la visite et la bénédiction de M. l'abbé Dumas, curé-doyen de Saint-Pierre, à Avignon, notre digne Fondateur.

« Le 20 juillet 1890, l'état de la malade s'étant aggravé, la Mère sous-Prieure, en l'absence forcée de la Mère Prieure, jugea à propos de réunir la Communauté pour réciter le Rosaire et les prières des agonisants. Vers 3 heures de l'après-midi, un mieux sensible se déclara ; notre chère malade dormit paisiblement jusqu'à 9 heures du soir. Alors, elle s'éveilla pour s'endormir ensuite du sommeil des justes, sans agonie, sans trouble, sans souffrance. On ne s'aperçut du passage de la mort qu'à la beauté angélique empreinte sur son visage...

« Qu'il nous soit permis de croire que le Sacré-Cœur s'est montré juge miséricordieux pour sa fidèle servante, sa dévouée zélatrice... Elle nous a ouvert la voie... elle prie pour nous... » (1).

La tombe se refermait à peine sur Sœur Marie Imelda du Sacré-Cœur, qu'il fallut la rouvrir pour une autre fleur dominicaine qui croissait et s'épanouissait sous les purs et chauds rayons émanés de la Très Sainte Vierge : Sœur Marie-Hyacinthe Dubail.

Née à Boulogne-sur-Mer, le 14 décembre 1856, de parents très chrétiens, elle reçut au baptême le nom de Marie. Dans les différentes maisons où elle fit son éducation, elle était citée comme une des meilleures élèves ; on l'estimait sincèrement à cause de son

---

(1) *Chronique*, p. 194-196.

caractère franc, loyal, et de ses aptitudes. Marie ne connut jamais le respect humain, respecta toujours et sut faire respecter par les autres les droits de la vérité. Elle eut pour la Très Sainte Vierge un culte précoce et quand, appelée de Dieu, elle voulut prendre le voile, c'est dans l'Ordre de Saint-Dominique, l'Ordre de Marie et du Saint Rosaire, qu'elle entra.

En quittant le pensionnat des Ursulines de Saint-Omer, Marie demeura près de son père, devenu veuf, et de son frère, alors curé de Bouvelingen. Elle gouverna leur ménage et s'occupa des œuvres paroissiales. M. Dubail mourut subitement et Marie, éprouvant de plus en plus le vide des choses terrestres, manifesta un grand désir d'entrer en religion. Son confesseur approuva ce désir et lui indiqua Hardinghen, comme « lieu de son repos. » Elle monta au noviciat le 4 octobre 1885 en la fête du Très Saint Rosaire et prit l'habit le 29 avril 1886.

« J'ai un Dieu à servir, écrivait-elle à cette époque, un Dieu saint, tout puissant ; je me dois à lui comme créature, comme chrétienne !... Comme religieuse, j'ai répondu à son charitable appel ; je lui promets amour, dévouement, fidélité. Jésus m'a fait l'honneur de m'appeler à son service ; je reste chez lui, il est chez nous. Je suis destinée à chanter ses louanges plusieurs fois chaque jour et à le faire connaître à des enfants. Quelle confiance il me témoigne ! Il me donne en nourriture son corps sacré ! Il m'attache à sa maison, à son service intime et personnel : j'ai souvent en main la clef de son Tabernacle,...

j'ai toujours la clef de son Cœur. Faites, ô mon Dieu, que je réponde à votre confiance par mon respect, mon attention, mon dévouement et l'oubli de moi-**même ! »**

Le 3o avril 1887, en la fête de Sainte-Catherine de Sienne, Sœur Marie-Hyacinthe prononçait ses vœux de cinq ans ! « Il me semble, disait-elle, que j'ai tout donné à mon divin Epoux et que je ne me réserve rien. Quel bonheur ! Je n'aurais jamais cru qu'on pût éprouver une joie si intime et si pure !... Que je sois cachée à tous pour être en face de mon Dieu, — que je n'oublie jamais ses immenses miséricordes... Tout par amour ! Obéir, m'humilier, souffrir et prier par amour ! Quelle charité j'ai rencontrée dans ma Mère et mes Sœurs ! Oh ! que je dois les aimer toutes !

« Pour cela, elle arracha de son cœur tout senti-ment trop naturel, tout désir de l'estime des créa-tures, toute attache à sa volonté propre. Elle se dé-pouilla de toute superfluité au point de ne souffrir à son usage que les objets strictement nécessaires... Jamais on ne la vit manquer à la Règle, ni à quelque observance de la vie religieuse. Elle se montra ordi-nairement pleine de confiance, de respect et de sou-mission vis-à-vis de ses Supérieures.

« La préparation à la réception des Sacrements était, pour notre chère Sœur, un sujet de préoccu-pations sérieuses. Le vénéré M. Gournay, qui a été son confesseur durant les cinq années de sa vie religieuse, nous disait, quelques jours après sa mort, qu'il n'avait pas connu d'âme plus pure, plus délicate, plus saintement désireuse de sa perfection. Le Père

Hoffman et le Père Jutteau ont rendu, à peu près, le même témoignage. Nous-mêmes, ses sœurs, nous savons que Sœur Marie-Hyacinthe était un modèle d'esprit religieux et de régularité » (1).

La *Chronique* ne manque pas de relever ses défauts. Elle était portée au scrupule, à une recherche un peu exagérée de ses aises. Elle se préoccupait trop de son linge. Très gaie aux heures de récréation, il lui arrivait parfois de froisser légèrement les religieuses qui ne partageaient pas sa manière de voir... Elle s'en humiliait toujours cependant et s'efforçait de se corriger.

Durant l'hiver de 1888, Sœur Marie-Hyacinthe fut prise d'une bronchite aiguë qu'on était parvenu à conjurer, lorsque l'influenza vint s'y greffer. Les médecins la condamnèrent au repos absolu. Cette mesure lui pesa beaucoup. Les crachements de sang succédèrent à l'influenza et la pauvre Sœur en fut bientôt réduite à toute extrémité. Elle ne voulait pas qu'on priât pour sa guérison : « Non, disait-elle, laissez-moi aller voir le bon Dieu ; je me sens prête à mourir ; rien ne me trouble et je suis remplie de confiance en la miséricorde divine. »

Une fièvre intense la consumait ; la méningite vint compliquer le mal et l'aggraver. Le 6 novembre, premier vendredi du mois, elle expirait entre les bras de Mère Marie des Anges...

Les Sœurs eurent encore à pleurer la mort de M. l'abbé Gournay, curé d'Hardinghen, qui les avait

---

(1) *Chronique*, p. 123-124.

si fraternellement accueillies lors de la fondation. Il rendit sa belle âme à Dieu le 13 janvier 1891.

Ces tristesses et ces deuils connurent des éclaircies; ils furent mêlés de joies : c'est la visite de Mgr Altmayer, archevêque de Bagdad, qui, depuis, s'est toujours montré si bon pour la Communauté. C'est, en juin 1891, la dernière viste de Mgr Dennel. Hardinghen avait toujours été, selon sa propre expression, son « Béthanie. » On eut dit qu'il pressentait ne devoir plus y revenir ; que ce séjour était la dernière halte avant le grand voyage ! Il donna la confirmation à quelques élèves du Pensionnat, encouragea la Communauté dans ses efforts vers la perfection, recommanda à Mère Marie des Anges de soigner sa santé. Il eut avec la fondatrice un long entretien durant lequel il s'intéressa à tout ce qui concernait la Communauté, au spirituel et au matériel. Il confirma Mère Marie des Anges dans sa charge de Prieure, pour un temps indéfini, et comme elle suppliait Sa Grandeur de tenir compte de sa mauvaise santé, Monseigneur lui répondit : « Ma Mère, nous nous reposerons au ciel. En attendant, il faut terminer l'œuvre que le bon Dieu vous a confiée, asseoir votre Congrégation naissante, l'organiser, retravailler les Constitutions et vous occuper sérieusement de fonder une maison en Belgique. »

Après cette visite réconfortante, Mère Marie des Anges se rendit à Lourdes pour demander sa guérison à la Très Sainte Vierge. Elle accomplit, en même temps, la promesse faite à Brebières après la maladie qui faillit l'emporter. Elle revit Montmartre, pria devant la sainte Face et à Saint-Martin de Tours, à Sainte-Radegonde de Poitiers. A Lourdes, elle goûta, durant huit jours, les charmes inexprimables qu'on ressent à prier la Vierge de Massabielle. Elle y éprouva un mieux sensible et fut de retour à Hardinghen, le 26 août, à la grande joie de ses filles.

Le 8 décembre 1891, le Père Magalli, Provincial des Dominicains de l'Equateur, accompagné du Père Lelaidier et du Père Lacamera, Maître des novices de la même province, venait à Hardinghen s'entendre avec Mère Marie des Anges, au sujet d'une fondation de Sœurs missionnaires à l'Equateur.

« Que le Cœur de Jésus, dit la *Chronique*, après avoir relaté cette visite, bénisse ces projets ! Qu'Il nous rende dignes de répondre à son appel sur cette terre lointaine et d'y travailler beaucoup pour sa gloire ! »

Les Sœurs, à la suite de leur Mère, ne doutaient absolument de rien. Il s'agissait d'étendre le règne de Dieu : cela suffisait à ces religieuses de la première heure. Conduites par la co-fondatrice de la Congrégation, le « Cyrénéen » de Mère Marie des Anges, elles ne redoutaient nullement de s'engager en pleines Cordillères, au milieu des sauvages.

Devant cette générosité, on se reporte instinctivement à notre Bienheureux Père saint Dominique qui n'hésita pas à disperser ses premiers compagnons et se prépara lui-même à l'évangélisation des Cumans, dans l'espoir du martyre.

La foi qui transporte les montagnes accomplit des

prodiges. N'est-ce pas de la folie, de l'imagination ?
Oui, aux yeux du monde ; non, aux yeux de Celui
qui dit à ses douze apôtres, avant de remonter aux
cieux : « Allez, enseignez les nations. »

Le projet de mission à l'Equateur datait de 1887.
Pour en comprendre l'importance, il suffit de lire le
Mémoire adressé par le Père Magalli au conseil de
l'Œuvre de la Propagation de la Foi :

« Le Saint-Siège, exauçant l'un des désirs les plus
chers de notre cœur, daigna nous confier l'apostolat
des tribus indiennes campées à l'est de la Cordillère
des Andes. Borné à l'ouest par la Cordillère, au nord
et au nord-est par le Curaraz et le Napo ; au sud et
au sud-ouest par l'Amazone et le Pérou, le vaste territoire qui nous est dévolu ne mesure pas moins de
8.000 lieues carrées. Là, vivent d'innombrables tribus que leur férocité native, leur amour de l'indépendance, la haine invétérée de la race blanche, de la
race des conquérants, ont rendues jusqu'ici réfrac-
taires à toute civilisation. Ils vivent, disséminés dans
la profondeur des bois ou, le plus ordinairement, sur
la rive des fleuves, famille par famille, car la tribu
elle-même n'est qu'un groupement moral, n'impli-
quant aucune coexistence de ses membres. Ni ville,
ni bourgade, ni village ; on chercherait en vain, dans
cet immense territoire, deux cabanes juxtaposées.
Tous les efforts des Gouvernements pour s'y implan-
ter, pour coloniser, ont abouti à d'effroyables mas-
sacres. Grands et vigoureux, intelligents et rusés,
braves jusqu'à la témérité, d'une habileté prodigieuse
dans le maniement de l'arc et de la lance, ils ont

balayé des armées entières, détruit, jusqu'aux derniers vestiges, les cités populeuses de Logrôno, de Séville, de Valladolid. Un abîme infranchissable de sang sépare donc les deux races et rend comme impossible leur réconciliation.

« Impossible, non certes, elle ne l'est pas. Ce que la force brutale des conquérants, ce que la cupidité insatiable des trafiquants et des chercheurs d'or n'auront pu faire, la force morale et persuasive de la prédication évangélique, le zèle ardent et patient des apôtres du Christ, leur désintéressement, le parfum de leurs bons exemples, leur amour pour ces pauvres égarés le feront sans difficulté. Ce prodige s'est déjà vu aux jours de la conquête, lorsque les Pères Dominicains espagnols, s'élançant sur les traces des conquérants, pénétrèrent dans les forêts indiennes ; les chrétientés encore florissantes de Canélos, Paiagu, Sarayacu et Andoas disent assez haut le succès de leur apostolat pour qu'il soit inutile d'insister.

« Depuis lors, les zélés missionnaires s'essayèrent à l'œuvre. Nommons de suite, parmi les plus illustres, les Pères de la Compagnie de Jésus dont les travaux apostoliques, le dévouement à la cause des Indiens, l'abnégation, ont souvent provoqué notre admiration. Mais, disons-le aussi avec un légitime orgueil, aucun de ces généreux apôtres, nos successeurs, n'a pu faire oublier à l'Indien la robe blanche du Frère-Prêcheur. L'enfant, dit-on, n'eut-il vu sa mère qu'une seule fois, en conserve éternellement l'image dans ses yeux et dans son cœur : tel l'Indien, ce grand enfant, si mobile dans ses impressions, si fantasque et si inconstant dans sa conduite et cependant, si fixe dans ses traditions. L'image de nos Pères, le souvenir de leurs travaux apostoliques, de leurs luttes héroïques pour leur indépendance, tout cela leur est resté gravé au cœur en traits ineffaçables. Quoi d'étonnant si l'on se rappelle l'histoire de la conquête de l'Amérique, lorsqu'on revoit, par la pensée, les luttes épiques des Las Cazas, des Dominique de Betancos, des Pierre de Cordoue, des Louis Bertrand et de cette légion innombrable d'apôtres dominicains, pour la liberté des pauvres Indiens et leur conversion à la foi chrétienne. Depuis lors, une parenté de cœur est établie entre l'Ordre de Saint-Dominique et les pauvres Indiens, un secret et irrésistible instinct les attire vers nous et nous conduit à eux. Ce sont nos préférés dans l'œuvre des Missions.

« Cependant, tout absorbés par l'œuvre si laborieuse de notre restauration religieuse à l'Equateur, nous ne jetions plus qu'un regard distrait sur les vastes territoires situés à l'est des Cordillères ; nous paraissions oublier, mais les Indiens eux, n'oubliaient pas. Ils savent que les Fils de saint Dominique sont revenus à l'Equateur et tout aussitôt, ils s'animent, ils s'échauffent, ils s'enthousiasment. Les tribus s'assemblent et se choisissent des députés. Quel ne fut pas notre étonnement, notre attendrissement, lorsque nous les vîmes arriver à Quite en troupes nombreuses, se jeter à nos pieds en véritables suppliants, nous baiser les mains, nous conjurant de revenir au milieu d'eux, baptiser leurs enfants et leur enseigner la vraie religion. Et comme notre petit nombre nous rendait hésitants, nous les vîmes, en quelque sorte, faire le siège de notre couvent. Ils refusèrent de rentrer dans leurs forêts avant le triomphe définitif de leur message, s'adressèrent aux pouvoirs publics et à l'autorité diocésaine ; en un mot, ils firent tant et si bien qu'ils nous prirent d'assaut. La mission une fois acceptée, il s'agissait d'en prévoir l'organisation et d'entrer en campagne le plus tôt possible, profitant des excellentes dispositions des Indiens.

« Il y avait, par-ci, par-là, des embryons de chrétientés, jadis florissantes : Canélos, Macas, Mendoza, Gualaquiza. Nous les trouvâmes échelonnées du nord au sud et dans des positions avantageuses pour entrer en relation avec les tribus éparpillées dans l'épaisseur de la forêt. Evidemment, c'étaient là des bases toutes désignées pour l'édifice que nous voulions construire: nous les mîmes donc à profit. A l'heure où ces lignés vous parviendront, Canélos et Macas seront occupés par nos missionnaires ; Mendoza et Gualaquiza le seront prochainement.

« Canélos paraît destiné au plus brillant avenir religieux. Son territoire est peuplé par une race sauvage, mais vaillante, intelligente et fort dévouée à la foi chrétienne. Ses alliances politiques et son commerce avec les nombreuses tribus infidèles répandues sur les rives du Pastozza et du Curaraz, nous faciliteront l'évangélisation de ces peuples ; ses guerres acharnées, héroïques contre les Jivaros de Macas, nous permettront de recueillir chaque année une moisson d'enfants infidèles des deux sexes. Pauvres orphelins, nous les arracherons au fer implacable du vainqueur ; nous les recevrons dans nos maisons d'éducation. Instruits et baptisés, sachant les arts mécaniques les plus usuels, nous les établissons autour de nous et créons ainsi ces noyaux de populations chrétiennes qui, se développant avec le temps, deviendront des villages, voire même des cités populeuses.

« Là est l'avenir de la Mission : dans les écoles. Tout a été tenté pour la civilisation de la race indienne, tout, excepté cela, c'est-à-dire l'essentiel. Jusqu'ici, on ne s'est guère adressé qu'aux adultes ; de vive force ou par la persuasion, on a voulu s'emparer de ces nations altières, débordant de sève, affamées d'indépendance et les couler d'un seul jet, dans un moule politique et religieux. Cette tactique devait échouer et elle a toujours infailliblement échoué. Mais si l'Indien adulte est, plus qu'un autre, réfractaire à la vie sociale et à la civilisation, le jeune Indien, lui, s'y prête admirablement. Comment vous dépeindre sa grâce, sa gentillesse, la vivacité de son esprit, sa curiosité insatiable, indice d'une prédisposition naturelle hors ligne, pour apprendre et s'instruire. Vous arrivez au sein d'une tribu et aussitôt ces êtres aimables s'empressent autour de vous ; ce sont eux qui vous apportent l'eau pour vous laver, les bananes et les racines succulentes de la yuca, et cela si lestement et si gentiment, qu'évidemment ils y mettent tout leur cœur. Puis, ils vous regardent de leurs grands yeux noirs si profonds et si doux. Si le Père leur sourit, et il le fait toujours, ils s'enhardissent jusqu'à lui prendre la barbe : cela est si nouveau pour eux, la barbe ! ils n'en ont jamais vu, les Indiens n'en ayant pas. Puis, c'est le tour des vêtements dont ils font l'inventaire, dont ils examinent et touchent tous les objets. Laissez-les faire et ne craignez pas d'être volé : tout ce que possède le Père est sacré ; l'Indien infidèle, lui-même, n'est pas insensible à ce sentiment d'honnêteté plus que naturelle. Deux ou trois fois le jour, vous agitez une sonnette pour convoquer les Indiens à la doctrine ; — c'est ainsi que l'on appelle les enseignements du Père ; — les adultes se sauvent dans les bois, mais il vous reste les enfants qui boivent vos paroles ; et comme leurs questions naïves, comme leur religieuse attention nous consolent du mutisme brutal et de la profonde indifférence de leurs parents !

Là donc est l'avenir de la Mission, l'avenir de la race indienne : dans l'enfance et dans les écoles. Nous les créons à Canélos et à Macas, ces écoles. Partout où nous planterons notre tente, nos enfants recevront l'instruction chrétienne et en même temps, l'instruction professionnelle compatible avec leur civilisation naissante... »

Ce projet de mission dominicaine, accepté en principe, fut confirmé par le Chapitre provincial tenu à Quito en 1887. Certes, on ne se faisait aucune illusion sur les difficultés de l'entreprise ; on connaissait les obstacles par quelques missionnaires partis en reconnaissance à Canélos et qui s'étaient occupés des enfants. On se demandait comment on créerait des écoles, des ouvroirs, des corps de métiers. Sur ces entrefaites, le Père Magalli apprit les dispositions de Mère Marie des Anges et de ses filles. Il en bénit Dieu. « Ce fut pour nous, écrit-il, un trait de lumière, une indication providentielle et une certitude que Dieu était avec nous et tenait pour agréable notre méthode d'évangélisation. » Il avertit cependant les Sœurs que l'œuvre est difficile :

« Canélos, que nous considérons comme le centre et l'avenir de la Mission, est en pleine forêt vierge, à quinze jours au moins de la Cordillère. Vous y vivrez entourées de peuplades extrêmement féroces ; la plupart infidèles et sans cesse en guerre contre les chrétiens. Après la défaite, hommes et enfants sont impitoyablement massacrés. Les femmes seules trouvent grâce aux yeux des vainqueurs qui les emmènent captives, et en font leurs épouses. Nos chrétiens eux-mêmes sont loin d'avoir dépouillé la barbarie inhérente à leur race et à leur éducation. Ils ont des retours de nature terribles, et plus d'un missionnaire en a été victime.

« Et, pour arriver à Canélos, que de travaux, de périls, d'épreuves indicibles ! Il est vrai que nous en supprimerons une bonne part en vous faisant porter par de fidèles Indiens, escortés par les Pères et quelques blancs. Mais il nous sera toujours impossible de supprimer les secousses et les privations, les pluies torrentielles dont vous ne pourrez vous garantir ; l'épouvante que vous causeront les dangers incessants où seront vos porteurs et vous-mêmes indirectement. »

Mgr Dennel donna, à Mère Marie des Anges, la

permission de fonder à Canélos, dès 1888, mais à la condition expresse de ne jamais abandonner la Mission.

Par ailleurs, le Père Magalli prenait des dispositions au sujet de la vie régulière, de la clôture, de l'administration matérielle de la Mission qui rassurèrent complètement Mère Marie des Anges. Et l'on étudia l'espagnol à Hardinghen ; on se prépara, plusieurs années, par le sacrifice, à cette Mission.

A Canélos, on construisit une église, un couvent pour les Pères, un couvent pour les religieuses...

Les Sœurs devaient partir en 1894, quand le Père Lelaidier les avertit qu'une révolution venait d'éclater à l'Equateur : les tribus sauvages étaient en guerre. Il fallut absolument surseoir au projet, si longtemps caressé, de travailler au loin à l'extension du règne de Dieu.

Approuvé par l'Evêque d'Arras et par le Provincial des Dominicains de France, soutenu dans les cœurs et dans les volontés par un invincible amour de Dieu et des âmes, ce projet se réalisera-t-il un jour ? C'est le secret de Dieu, mais nous savons que les Sœurs nourrissent pieusement et fermement le désir d'une mission, désir qu'elles seront prêtes à exécuter quand Dieu le voudra !

La fondation en Belgique, préconisée par Mgr Dennel dans son dernier entretien avec Mère Marie des Anges, approuvée par son successeur, Mgr Williez, était envisagée sous l'aspect de précaution à prendre contre une expulsion éventuelle.

Une société d'industriels du pays de Liège demandait des religieuses pour fonder une école ménagère et une école enfantine à la Mallieue, près Liège. La société de « la Nouvelle Montagne », par l'organe de son Directeur général, prenait à sa charge tous les frais de logement, d'entretien des religieuses et des œuvres.

Mère Marie des Anges y emmena trois de ses religieuses et la bénédiction de la chapelle eut lieu le 2 octobre 1892, en la fête du Rosaire. Le Provincial des Dominicains belges présida la cérémonie. Les classes s'ouvrirent le 15 octobre dans deux écoles. La *Chronique* souhaite longue vie et succès à cette œuvre.

Au bout de sept à huit ans de dévouement, les Sœurs furent obligées de quitter la Mallieue par suite du changement de direction dans la société de la « Nouvelle Montagne » qui tomba aux mains des socialistes.

Voici comment s'en exprime le Conseil de la Congrégation :

« Le nouveau directeur et le Conseil d'administration de la société de la « Nouvelle Montagne » ayant apporté des changements notables dans nos œuvres de la Mallieue, et la position de nos Sœurs étant devenue incompatible avec nos saintes observances, le Conseil de notre Congrégation a décidé leur retour à la Maison-Mère. Notre Très Révérende Mère Prieure générale a fait connaître cette décision à M. le Directeur en temps opportun et nos Sœurs ont quitté la Mallieue le 2 août 1902 » (1).

---

(1) Registre des délibérations ordinaires du Conseil, p. 35-87 (Pst. 118).

Les Communautés, composées de quelques sujets seulement, qui n'ont pas d'office choral, d'observances monastiques nécessitant des lieux réguliers, peuvent s'accommoder de ces œuvres qui prennent toute une vie et ne laissent rien, ou presque rien, à la vie religieuse proprement dite, telle qu'elle est pratiquée dans les grands Ordres monastiques et à laquelle doivent nécessairement participer les Instituts de femmes qui leur sont affiliés. Commencer humblement avec l'idée bien arrêtée d'aboutir à la vie conventuelle, c'est de prudence ordinaire. Mais, redisons-le, l'œuvre annexée à un couvent, réclamant un certain nombre de sujets et des ressources matérielles, exige un centre important, favorable tout à la fois à la vie religieuse et au développement de cette œuvre.

L'évêque d'Arras, — que ce fût Mgr Dennel ou Mgr Williez, — et le Supérieur canonique, M. de Lencquesaing, ont maintes fois recommandé à Mère Marie des Anges, l'observation des lois essentielles de la vie religieuse, et il a vraiment fallu la raison grave indiquée plus haut pour fonder la Mallieue. Ajoutons que Brebières et Marœuil ont été fermés, vu l'impossibilité de mener de front les deux vies contemplative et active, vu aussi l'impossibilité de s'y développer.

Il semble bien que la Providence ne veuille pas, pour l'Institut, de ces œuvres qui exigent la liberté presque toute active des Congrégations modernes et dispersent le troupeau par petits groupes.

CHAPITRE V

*Les Constitutions et le Coutumier de Mère Marie des Anges. —
Affiliation de l'œuvre à l'Ordre de Saint-Dominique.*

Cette idée de la vie religieuse imprégnant la vie
active, Mère Marie des Anges l'a développée dans les
Constitutions, le Directoire et le Coutumier qu'elle
donna à ses filles en 1893.

Elle y travailla longuement, dictant à ses secrétaires le fruit de ses lectures, de ses méditations, des
lumières surtout que lui apportait la prière. Son
âme religiieuse y vit et spontanément s'y révèle.

Les « Normes » de 1901, statut légal imposé par
l'Eglise aux Instituts à vœux simples, des décrets
récents, ont obligé les Sœurs à rédiger de nouveau
les Constitutions et le Coutumier. Mais les idées de
la vénérée Fondatrice inspirent cette nouvelle rédaction.

Exposer ici les grandes lignes des Constitutions,
du Directoire et du Coutumier de Mère Marie des
Anges sera donc mettre en lumière et son esprit et la
vie qu'elle demande à ses filles de mener.

L'approbation de l'Ordre dans la personne du Révérendissime Père Fühwirth, alors Maître général, rend
ce témoignage aux Constitutions : « qu'elles ne con-

tiennent rien de contraire aux traditions de l'Ordre, qu'elles sont en tout conformes à l'esprit de ses Constitutions et que, pour la plus grande partie, elles reproduisent fidèlement le texte des Constitutions et cérémonies du Grand Ordre. »

Et le Maître général ajoute immédiatement : « Aussi, n'hésiterai-je pas à déclarer que les Sœurs vivant ces Règles, marcheront certainement dans la voie de la perfection, selon l'esprit de notre glorieux Père saint Dominique et rendront de bons services à notre très glorieuse Mère la Sainte Eglise. »

Enfin, l'introduction, dans ces Constitutions, de la dévotion au Sacré-Cœur de Jésus comme observance régulière, est ainsi jugée dans l'approbation : « La dévotion particulière qu'elles professent pour le Sacré-Cœur de Jésus, dont elles portent dévotement le nom, sera pour les Sœurs et pour leurs élèves, une source intarissable de grâces, et leur méritera la bienveillance particulière de Nos Seigneurs les Evêques et du Chef suprême de la Sainte Eglise. »

Mère Marie des Anges assigne comme but spécial à son œuvre « de travailler au salut des âmes par la prière et la pénitence, par l'éducation des jeunes filles, par les œuvres de charité et de miséricorde à l'égard des ignorants et des malades » (1).

Elle veut donc, pour ses filles, une triple forme d'apostolat : la prière et la pénitence, c'est-à-dire la vie liturgique, tribut quotidien de louange adressé à Dieu ; les observances régulières qui font du corps

---

(1) *Constitutions*. — **Prologue.**

un holocauste perpétuel ; l'éducation des jeunes filles, seule œuvre extérieure nettement précisée — les œuvres de miséricorde qui ne semblent pas avoir eu, dans l'intention première de la Fondatrice, d'organisation bien déterminée, mais qui devaient, selon les circonstances, permettre aux Sœurs d'exercer leur zèle (1).

La vie des religieuses sera donc à la fois contemplative et active, dans un juste équilibre. Et, en admettant comme forme intérieure d'apostolat « la prière et la pénitence », Mère Marie des Anges exige à la source des œuvres extérieures, pour les nourrir de Dieu, la vie contemplative.

Qu'il s'agisse de l'entrée et de la formation des sujets, de la vie régulière elle-même, du fonctionnement des œuvres, du gouvernement de l'Institut, on remarque partout cette préoccupation de la Fondatrice, de faire découler l'apostolat extérieur de la contemplation. Elle n'a pas toujours pu réaliser son intention : qui oserait l'en blâmer en pensant qu'elle fondait ? — mais elle a tout prévu pour l'organisation définitive de son œuvre.

L'acceptation des sujets est soumise aux conditions canoniques fixées par l'Eglise. C'est une garantie contre l'abaissement du niveau moral et religieux, ainsi que le lui écrivait, un jour, M. de Lencquesaing.

Outre ces conditions, elle demande chez les sujets « un naturel exempt de défauts notables, un esprit sensé, une âme droite, un caractère pacifique » (2).

---

(1) *Constitutions*, p. 103.
(2) *Coutumier*, p. 157.

Elle ajoute : « On ne transigera point sur la question de vocation, non plus que sur celle de certains défauts graves qui tiennent à la nature : tels que la colère, la légèreté, le manque de rectitude d'esprit, l'humeur difficile, inquiète, raisonneuse, brouillonne, portée à l'intrigue, à l'ambition ; le manque de droiture et de docilité » (1).

Le principe sur lequel elle base l'éducation des novices est qu'elles doivent être formées « pour la vie qui sera un jour la leur et non pour une autre vie, selon l'idéal et les tendances particulières de ceux qui président à leur éducation religieuse » (2). Et comme l'esprit de l'Institut trouve heureusement sa formule dans ces paroles de Notre-Seigneur : « Apprenez de moi que je suis doux et humble de cœur » ; on initiera soigneusement les novices à la pratique des vertus chrétiennes, entre autres, la bonté, la simplicité, l'humilité qui soumet le jugement, la volonté en même temps que les actions, au jugement et à la volonté des Supérieures. Et nous pouvons affirmer, comme témoin édifié, que cet esprit a introduit dans les couvents de l'Institut, une discipline chrétienne et religieuse, qui, jusqu'ici, a eu deux conséquences très favorables : le départ des sujets qui, faute d'être entrés dans cet esprit, n'ont pu supporter la discipline qui en est le fruit ; une mystique loyale et simple, sans aucun sentimentalisme mièvre et de courte vue, toute pénétrée de chaude lumière et d'abnégation.

Mère Marie des Anges va jusqu'à demander à ses

---

(1) *Coutumier*, p. 157.
(2) *Coutumier*, p. 168.

religieuses de « se réjouir quand elles manquent du nécessaire, en santé comme en maladie » (1).

Qu'elles s'interrogent au sujet de la vertu de pauvreté : « Si dans cet examen, elles trouvent qu'elles ont le moindre attachement à un objet quelconque, elles se hâteront de s'en dépouiller en le remettant à la Supérieure » (2).

La pratique correspond à l'esprit ; tout est en commun : on ne dispose de rien, voire du plus petit objet, sans permission ; uniformité absolue dans le vêtement et la nourriture ; les Sœurs ne peuvent garder aucun argent par devers elles : le pécule et la table particulière doivent être prohibés partout avec rigueur.

La chasteté, envisagée en notre Bienheureux Père saint Dominique, en saint Thomas, le Docteur angélique, est considérée, par Mère Marie des Anges, comme une condition essentielle de la contemplation: « Bienheureux les cœurs purs, car ils verront Dieu ! » Cette vertu se nourrit de la grâce et de l'exemple de nos Saints ; elle se garde par la prière et la vigilance sur l'esprit et le cœur. A ce propos, Mère Marie des Anges déclare la guerre aux amitiés particulières, aux familiarités, aux confidences et propose à ses filles une austérité « grave, sans effort ; retenue sans contrainte ; bonne, affable et gaie, sans trivialité » (3).

La mortification corporelle doit toujours se tenir dans les limites de l'obéissance. La clôture, quoique

______

(1) *Coutumier*, p. 185.
(2) *Coutumier*, p. 185.
(3) *Coutumier*, p. 1.2.

partielle, doit être strictement observée, surtout quand il s'agit de la sortie des Sœurs. Celles-ci ne retournent jamais chez elles et ne voyagent que pour l'utilité commune.

La correspondance est strictement limitée au seul nécessaire ; la loi de la compagne est établie pour les professes comme pour les novices, lorsqu'elles sortent ou vont au parloir.

La question d'obéissance prime tout dans les Constitutions et le Coutumier de Mère Marie des Anges. La Fondatrice montre à ses filles la volonté de Dieu en celle des Supérieures qui le représentent : les religieuses consacrent à Dieu, par cet intermédiaire, leur volonté propre. Elles obéiront promptement, avec exactitude, avec joie, simplement, en tout et toujours.

« Quelques religieuses s'excusent en disant qu'elles sont anciennes et ne peuvent vivre avec la rigueur qui oblige les jeunes ; on leur répond que toute religieuse, vieille ou jeune, se nuit à elle-même et nuit aux autres en transgressant l'obéissance, et que les anciennes doivent être les flambeaux qui éclairent le couvent, et les colonnes qui soutiennent l'édifice » (1).

Si toutefois, les Supérieures commandaient des choses contre les commandements de Dieu et ceux de l'Eglise, contre les Constitutions apostoliques ou celles de l'Institut, les sujets ne seraient pas tenus d'obéir ; « en cas de doute, la volonté des Supérieures doit prévaloir, car souvent l'amour-propre, ou

____

(1) *Coutumier*, p. 200.

quelque autre passion intérieure, peut jeter une âme dans l'illusion » (1).

« Si deux Supérieures, ce qu'à Dieu ne plaise, commandaient des choses contraires, il faudrait, en tout point, obéir de préférence à celle qui a plus d'autorité. Mais les Sœurs, qui auront toujours, du reste, un libre accès auprès de leurs premières Supérieures, éviteront d'en abuser en recourant d'une Supérieure moins élevée à une plus élevée, pour se soustraire à l'obéissance, extorquer des permissions, se faire remettre des pénitences, empêcher, suspendre, retarder l'exécution d'un ordre ; et si une Supérieure plus élevée trouvait une Sœur que se servît de ces moyens et de ces subterfuges, elle se montrerait envers elle, sévère dans ses corrections, afin que la Sœur apprenne à obéir avec plus d'humilité » (2).

On punira très sévèrement l'esprit de critique et de détraction ; les Sœurs seront justes pour leurs Supérieures ; elles leur seront dévouées ; elles les aimeront comme des filles aiment leur Mère. Elles profiteront du renouvellement mensuel des dispenses pour leur demander conseil et direction. Au sujet de la direction et de l'ouverture d'âme, Mère Marie des Anges entre dans l'esprit du Décret sur le « compte de conscience. » Une chose cependant qu'elle ne dit pas dans son « Coutumier », c'est que les Supérieures doivent modérer ces ouvertures d'âmes qui risquent, chez certaines religieuses portées au scrupule ou trop

---

(1) *Constitutions*, p. 139.
(2) *Constitutions*, p. 139.

préoccupées d'elles-mêmes, de devenir de véritables confessions. C'est une lacune involontaire puisqu'elle s'en explique dans une réponse faite à l'Evêque d'Arras qui, par une circulaire en date du 5 avril 1893, exhortait toutes les communautés de son diocèse à l'observation de ce Décret et demandait un rapport à ce sujet : « Quant aux rapports des religieuses avec moi, y écrit-elle, je me fais un devoir de ne poser aucune question ayant trait à l'intime de l'âme et de modérer la confiance de nos Sœurs plutôt que de l'activer. Ceci est également observé par la Maîtresse des novices et les Supérieures de nos deux autres maisons. »

Sur la pratique des conseils évangéliques, comme sur une base solide, Mère Marie des Anges établit tout l'édifice spirituel de la perfection de ses filles. La charité et l'union des cœurs, dans un même couvent et entre les divers couvents de l'Institut, tiennent la première place. Cette pensée se révèle dans son Testament spirituel :

« Ne craignez pas d'être abandonnées de Dieu, tant que vous lui serez fidèles. La Providence du Cœur de Jésus pourvoira à tous vos besoins. Oui, le Cœur de Jésus sera plus que jamais votre Père et votre Mère. Vous serez son troupeau privilégié. Il multipliera votre nombre pour la gloire de son nom. Je désire et vous demande au nom de la tendresse maternelle que je vous porte à toutes en général, et à chacune en particulier, d'avoir pour nos maisons une affection égale. Ces maisons doivent être animées d'un même esprit, elles ne doivent former qu'un cœur et qu'une âme dans la charité. »

Cette charité sera faite de sincérité, de respect, de dévouement dans le Cœur de Jésus. Les couvents de l'Institut s'aideront mutuellement, non seulement au point de vue matériel, mais aussi et surtout au spirituel, en ce sens qu'on devra éviter les critiques et les détractions. Chaque année, ils communiqueront par un compte rendu des choses importantes qui se sont passées ; les Prieures locales et leurs religieuses écriront à époques fixes à la Prieure générale et pourront le faire plus souvent si c'est nécessaire.

L'humilité, qui garde à la charité toute sa force et sa saveur, est fortement recommandée aux Sœurs par Mère Marie des Anges. Elle la définit : « une vertu qui, en nous faisant connaître nous-mêmes tels que nous sommes dans l'ordre de la nature et de la grâce, nous fait regarder indignes de l'estime, de l'honneur et de l'approbation des hommes » (1).

Son modèle est le Cœur de Jésus. Aussi veut-elle, tout d'abord, l'humilité intérieure : « Les Sœurs s'humilieront dans leur esprit, n'y entretenant que des pensées humbles, empêchant qu'il ne s'y élève rien qui puisse flatter l'amour-propre. Elles s'humilieront dans leur volonté, l'anéantissant autant que possible, pour faire régner en elles la volonté de Dieu » (2). Elle la veut dans l'extérieur ; de là toutes ces pratiques du Coutumier, qui peuvent étonner d'abord, mais qui se comprennent aisément lorsqu'elles émanent d'un cœur humble. Tout geste pré-

---

(1) *Coutumier*, p. 216.
(2) *Coutumier*, p. 216.

tentieux, toute singularité, tout ce qui met en vedette, en un mot, tout ce qui, de près ou de loin, sent l'orgueil, est sévèrement réprimé.

La mortification est envisagée comme un moyen d'amendement et de sanctification ; elle prend toute la personne et tout l'ensemble de la vie. Pour s'y encourager, les Sœurs aimeront à contempler le Crucifié. « Fallut-il, dit Mère Marie des Anges, en citant Bossuet, être un holocauste entièrement consumé par le feu, laissons-nous réduire en cendres plutôt que de nous opposer à ce que Dieu veut de nous. »

Parties de l'anéantissement d'elles-mêmes, les Sœurs aboutissent à Dieu. Le chemin parcouru est fait de lumière, de charité, d'humilité et de mortification.

Mais, où puiseront les Sœurs pour alimenter ces vertus ? Aux Sacrements de Pénitence et d'Eucharistie reçus régulièrement. Préparée dès la veille, leur réception se fera dans l'esprit de l'Eglise. Qu'on observe strictement le Décret « Quemadmodum. » Pourtant, Mère Marie des Anges, tout en accordant aux religieuses la liberté nécessaire, vise à prévenir les abus que cette liberté pourrait entraîner. Elle n'aime franchement pas la multiplicité des confesseurs ou directeurs.

Avant le Décret de 1905, elle exhortait ses filles à la Communion fréquente et quotidienne ; elle déclare que si l'on doute s'il vaut mieux s'approcher de la Sainte Table ou s'en abstenir, il faut communier, comptant sur la miséricorde de Dieu dans ce Sacrement.

L'Office divin est la seconde source où les Sœurs alimenteront leurs vertus. « C'est l'un des principaux devoirs de la vie monastique... les Sœurs le considéreront comme la première de leurs obligations et la plus sainte de leurs fonctions... elles immoleront tous tous les jours à Notre-Seigneur l'hostie des louanges et invoqueront son saint nom, dans toute l'ardeur de leur âme et la sincérité de leur cœur » (1). Elle rappelle l'estime où notre Bienheureux Père saint Dominique tenait l'Office divin.

« Toutes les Sœurs viendront à l'Office comme à une source mystérieuse où elles puiseront trois différentes grâces : comme associées à l'Ordre ecclésiastique, elles y trouveront le moyen de payer une dette de louange à la sainteté de Dieu ; comme attachées par leur origine aux traditions monastiques, elles ont à y recueillir une abondante nourriture pour la contemplation ; comme filles d'un Ordre apostolique, elles doivent le faire servir au ministère des Frères-Prêcheurs. » Nous tenons de ses premières compagnes survivantes, surtout de celles qui l'ont aidée dans la rédaction des Constitutions et du Coutumier, et dans le gouvernement de l'Institut, que Mère Marie des Anges souhaitait vivement de voir établir dans sa famille religieuse la célébration quotidienne de l'Office canonial. Seule l'insuffisance du personnel l'a empêchée de l'imposer à ses filles.

La sainte Messe fait partie de l'Office, dans la vie liturgique des Sœurs, pour y apprendre chaque jour

---

(1) *Coutumier*, p. 216.

à s'offrir en holocauste à Celui qui fut pour le genre humain « une hostie vivante, placée entre le ciel et la terre pour apaiser la colère divine. »

La dévotion au Sacré-Cœur de Jésus donne à cette vie liturgique une physionomie spéciale. Vouées, dès l'origine de l'Institut, à ce culte, ayant mission de représenter l'Ordre de Saint-Dominique devant ce Cœur adorable, les Dominicaines du Sacré-Cœur auront comme devise, ce mot de saint Paul : « Je me suis fait tout à tous pour les gagner tous à Jésus-Christ. »

« Les Sœurs s'appliqueront, autant que possible, à vivre dans l'union au Sacré-Cœur de Jésus, à marcher en sa présence, à travailler pour son amour avec le seul désir de procurer sa gloire ; elles animeront leurs actions d'une grande pureté d'intention, conformant leurs désirs et leur volonté aux désirs et à la volonté de Notre-Seigneur, offrant leurs sacrifices, leurs mortifications, leurs prières au Sacré-Cœur de Jésus pour l'exaltation de notre Mère la sainte Eglise, la conversion des pécheurs, la salut de la France et surtout pour obtenir à notre saint Ordre l'accroissement de la sainteté et de l'esprit apostolique en chacun de ses membres » (1).

L'offrande de l'Heure de garde, le Rendez-vous dans le Sacré-Cœur à 9 heures et à 4 heures, consacrent à Notre-Seigneur chaque journée et pour les religieuses et pour les élèves des pensionnats. Tous les premiers vendredis du mois, il y a exposition du Saint-Sacrement et adoration de 7 heures à 5 heures ;

____

(1) *Constitutions*, p. 65.

le 22 février, adoration nocturne et diurne en union avec Montmartre. Chaque exercice au chœur commence par l'antienne, le verset et l'oraison de la fête du Sacré-Cœur, et les Sœurs quittent ce monde au chant de cette prière liturgique.

Toute la vie des Sœurs est donc pénétrée par cette dévotion qui, loin de la rétrécir, l'élargit, l'élève vers Dieu, la creuse par une acceptation plus prompte du sacrifice. Elle donne à l'âme dominicaine des Sœurs une grande ouverture sur Dieu et une souplesse admirable sous les directions de la Sagesse éternelle ; elle facilite l'exercice de la charité fraternelle et de l'apostolat.

On comprend, dès lors, que l'oraison, la lecture spirituelle, les conférences, les retraites soient en honneur dans l'Institut.

Mère Marie des Anges ne préconise aucune méthode d'oraison. Rien d'officiel dans l'oraison des Dominicaines du Sacré-Cœur ; tout y est laissé à l'initiative de l'âme, sous l'impulsion du Cœur de Dieu. « Amor meus, pondus meum » dirait le philosophe ; mon amour de Dieu est le poids qui m'entraîne vers Lui. Non pas que les Sœurs doivent suivre leurs propres inspirations « qui sont souvent vaines et trompeuses » ; mais qu'on ait l'âme unie à Dieu pendant la lecture. »

Pour faciliter cette union, on s'appliquera surtout à la parole même de Dieu contenue dans les saints Livres ; on préfèrera les ouvrages à la doctrine ferme et sûre et, parmi ceux-ci, on choisira les œuvres des Pères de l'Eglise et des docteurs de l'Ordre de Saint-

Dominique. Pendant la lecture, « si l'on reçoit quelque bon mouvement, on s'arrêtera un instant et on se livrera à cette touche de la grâce. »

Afin de progresser dans l'oraison, les Sœurs s'appliqueront « à vivre dans un recueillement habituel et dans un vide de cœur des objets créés qui rend l'âme capable de recevoir les communications divines » (1). Dans les sécheresses, elles useront de « patience, d'humilité, de soumission filiale aux dispositions de la divine Providence. »

Les Sœurs « se rappelleront souvent que l'oraison qui ne porte point à la mortification est toujours sujette à l'illusion et que la mesure de leur avancement spirituel ne doit point être calculée d'après les goûts ou les sentiments qu'elles pourraient éprouver, mais seulement par les efforts qu'elles feront sur elles-mêmes et par la pratique des vertus solides » (2).

Quand elles entendront la parole du Prêtre, elles le feront « avec foi, respect et une sainte avidité. » — « Le ministère du Prêtre, en effet, ne se borne pas à entendre l'aveu des fautes, à diriger les âmes dans les voies spirituelles, mais encore à leur annoncer publiquement la parole de Dieu, à les instruire des vérités religieuses, à les entretenir des grands mystères dont la connaissance est esprit et vie. »

Le chapitre des coulpes est très en honneur dans l'Institut. Il y est pratiqué suivant les traditions dominicaines et devient ainsi une source de détachement personnel et de perfection.

(1) *Coutumier*, p. 38.
(2) *Coutumier*, p. 39.

Le Rosaire, la dévotion à saint Dominique et aux saints de notre Ordre, à saint Joseph, viennent soutenir les efforts des Sœurs et leur assurer de précieuses grâces d'intercession.

Ainsi éclairées et fortifiées, les Dominicaines du Sacré-Cœur peuvent se livrer à l'apostolat ; elles donneront sûrement Dieu aux âmes.

L'éducation des jeunes filles tient la première place parmi les œuvres auxquelles s'adonnent les Sœurs (1).

Elles visent avant tout à former des chrétiennes convaincues, courageuses, prêtes à obéir à la voix du devoir, capables de faire le bien partout où il plaira à la Providence de les placer (2). La méthode d'enseignement est celle que le Père Lacordaire mit en œuvre à Sorèze ; chaque matière a son professeur spécial qui l'enseigne dans tous les cours. Ceux-ci sont précédés d'une section enfantine et suivis du cours normal. On annexe au Pensionnat un cours pratique d'enseignement ménager. Une jeune fille peut donc, en quittant le Pensionnat, jouer un rôle utile dans le monde. Il va sans dire que la formation morale tient la place d'honneur dans les Pensionnats de la Congrégation. L'instruction religieuse, la fréquentation régulière, quoique toujours libre, des Sacrements y président.

L'esprit de famille, la bonne tenue, la modestie, l'aisance, la simplicité, le naturel, — conditions d'une attitude toujours vraie, — sont cultivés avec soin chez

------

(1) *Constitutions*, p. 104.
(2) *Constitutions*, p. 105.

10

les élèves. On les initie aux œuvres catholiques par des œuvres annexes : bibliothèques catholiques, catéchismes, réunions de travail pour les ornements d'église et pour les pauvres. Mère Marie des Anges n'omet rien de ce qui peut élargir et rendre utile, au point de vue chrétien, l'apostolat de l'enseignement.

Cet apostolat, par les élèves des Pensionnats, Mère Marie des Anges eût voulu l'imprégner de la dévotion au Sacré-Cœur, en fondant une « Association des Enfants du Sacré-Cœur » composée de sujets ayant du jugement, un bon esprit, une piété solide, capable d'efforts soutenus. Ces « Enfants du Sacré-Cœur » rentrées dans leurs familles se dévoueraient à l'extension du règne du Cœur de Jésus, par une participation active aux œuvres paroissiales, diocésaines, catholiques. Ce vœu est en voie d'exécution. Approuvée par l'Eglise, « l'Association des Enfants du Sacré-Cœur » produira, au Pensionnat et dans le monde, des fruits consolants.

Et pour soutenir les œuvres, Mère Marie des Anges compte sur le travail assidu, quotidien des Sœurs. Elle voit dans ce travail une loi de pénitence, de préservation morale et spirituelle, de charité enfin qui les unit de façon particulière à Notre-Seigneur dont le Prophète a dit qu'il fut « pauvre et courbé sous un dur labeur, dès sa jeunesse. »

Mais toutes ces observances, qu'elles soient d'ordre liturgique ou d'ordre pénitentiel, tomberaient vite en désuétude dans un couvent où le silence n'est pas observé. Cette idée, si juste, — que le Bienheureux Humbert de Romans traduit ainsi : « Le silence est le fondement de la vie régulière de notre Ordre », — pousse Mère Marie des Anges à en faire une loi organique dans la vie des Sœurs : « Aimez le silence, dit-elle, après le Bienheureux Humbert, car il donne le calme à la conscience, il éloigne bien des maux ; il conserve la paix et permet à l'âme, plus dégagée, de s'élever par la contemplation. Plus vous vous éloignez du bruit extérieur, plus vous vous rapprochez de Dieu. » Ce n'est pas encore tant le silence proprement dit qu'elle recommande, mais ce que nous appellerions volontiers l'esprit de silence : habitude qui pousse, non seulement à ne rien dire sans permission, mais aussi à ne dire que ce qu'il faut quand on a la permission de parler. Mère Marie des Anges aime les « phrases inachevées » recommandées dans les Constitutions du grand Ordre (1).

On ne rompra le silence qu'en récréation, c'est-à-dire après les repas de midi et du soir. La récréation est un exercice de Communauté où les Sœurs doivent apporter un grand esprit d'obéissance et de simplicité. C'est un « lieu où l'on peut et où l'on doit faire grande dépense de vertu, une sorte d'arène où il est facile de mesurer ses forces spirituelles et très avantageux de s'exercer à la lutte contre la nature déchue. Là, si elle le veut énergiquement, une religieuse apprend à dominer son humeur, à assouplir son caractère, à vaincre son amour-propre, à mortifier ses goûts, à s'oublier et à se sacrifier en mille rencontres, à pratiquer l'humilité, la patience et la charité » (2).

____

(1) *Coutumier*, p. 87.
(2) *Coutumier*, p. 90.

Ce caractère des récréations religieuses ne doit nullement exclure l'aisance honnête et une douce gaieté ; Mère Marie des Anges possédait ces deux qualités qui font, d'une récréation, un véritable délassement.

Enfin, la maladie et la mort achèvent la physionomie de la Dominicaine du Sacré-Cœur. La maladie sera une occasion de s'appliquer à la Croix du Sauveur et d'achever ce qui manque à sa Passion. « En vraies pauvres de Jésus-Christ, elles devront se montrer contentes des soins et des remèdes que la religion leur donnera » (1). En vertu de la même pauvreté, Mère Marie des Anges exclut des usages de l'Institut : les voyages de convalescence, les cures d'eau ou les cures d'air, excepté quand ces cures se font dans les couvents de l'Institut.

La mort est envisagée avec calme. Quelle pensée consolante de pouvoir se dire, à ce moment suprême, qu'on aura pour juge Celui à qui on a voué sa vie ! C'est bien l'heure de se rappeler les magnifiques promesses faites par Notre-Seigneur à Sainte Marguerite-Marie, en faveur des âmes dévouées à son divin Cœur : « Je serai leur refuge assuré pendant leur vie et surtout à l'heure de leur mort. Leur nom sera inscrit dans mon cœur et il n'en sera jamais effacé. »

Cette vie religieuse que nous venons d'esquisser à grands traits, d'après les Constitutions et le Coutumier de Mère Marie des Anges, se dirige vers son but, la perfection, sous une autorité bien constituée.

Le Chapitre Général — formé de la Prieure géné-

____

(1) *Coutumier*, p. 103.

rale sortante, des Officières majeures, des Prieures locales et des Sœurs déléguées de chaque couvent — constitue par élection et sous la présidence d'un délégué ecclésiastique, le gouvernement général de l'Institut.

Au Conseil général, composé de la Prieure générale et de ses Conseillères, de nommer les Prieures et sous-Prieures conventuelles, la Maîtresse des novices et les Maîtresses générales des Pensionnats et Externats. La charge de Prieure générale dure six ans ; celles de Prieure, de sous-Prieure, trois ans.

Dans son Testament spirituel, Mère Marie des Anges donne bien, à ce sujet, l'esprit de ses Constitutions et de son Coutumier :

« Quand le moment de faire l'élection d'une Prieure sera venu, je vous recommande, mes chères filles, de vous dépouiller de tout sentiment personnel et de nommer celle qui, devant Dieu, vous semblera la meilleure, la plus propre à procurer le bien spirituel et matériel de la Communauté, lui conserver son esprit. J'espère que votre choix tombera sur un membre de notre Congrégation et que vous n'irez pas chercher une Prieure générale dans un autre couvent. Celle qui sera élue aura grâce et mission pour vous conduire ; il faudra donc de tout cœur lui accorder votre confiance, votre respect, votre obéissance comme à la représentante du divin Maître. En cela vous serez agréables au bon Dieu, vous ferez descendre sur vous les bénédictions et les grâces dont vous aurez besoin, j'ose dire que vous entrerez dans mes désirs.

« Je recommande à celles qui me succéderont dans la charge de Prieure générale de se montrer toujours mères pour leurs filles. Qu'elles tempèrent par la charité, les actes de leur autorité, s'efforçant avant tout de faire régner la charité, la paix, l'union des cœurs, l'observance des Constitutions, l'esprit intérieur, le silence, l'esprit apostolique ; de bien surveiller la formation des Novices, de marcher toujours d'accord avec les Supérieurs ecclésiastiques, de donner tous leurs soins à procurer la sanctification de leurs filles, sans partialité, sans préférence pour aucune, les aimant, les servant toutes largement, pourvoyant à tous leurs besoins, en santé comme en maladie, et leur servant d'exemple en toutes choses.

« Que leur sollicitude maternelle ne se borne pas à procurer le bonheur religieux aux Sœurs de la Maison-Mère, mais qu'elle s'étende à toutes les Sœurs des autres Maisons.

« Qu'elles soutiennent l'autorité des Supérieures locales tout en conservant sur les Maisons secondaires leur propre autorité, selon les Constitutions et l'esprit de Dieu.

« Qu'elles veillent sur les œuvres dirigées par la Congrégation, pourvoyant autant que possible à ce que tout s'y fasse selon l'esprit de la Règle et le bien des âmes. »

Voici comment, dans son Coutumier, Mère Marie des Anges précise l'exercice de l'autorité dans la Congrégation.

« La Congrégation est régie de droit par une

Prieure générale. Il importe de rappeler ici, d'après le droit canon et les Constitutions, l'autorité de cette Supérieure.

« En vertu de sa charge, la Prieure générale est véritablement Supérieure de la Congrégation qu'elle régit et gouverne selon les lois de l'Institut. Si elle n'a pas le pouvoir de juridiction, dont toute femme est incapable, elle possède le pouvoir de domination, qu'on appelle aussi domestique ou de famille, qui lui donne le droit de commander et de se faire obéir en conscience.

« A cette autorité s'en ajoute une autre d'où découle le vœu d'obéissance fait entre ses mains, et qui lui permet, en certains cas, de commander au nom de l'obéissance vouée à la profession par ses religieuses.

« La Prieure générale gouverne donc la Congrégation qui l'a placée à sa tête, et bien que son autorité s'exerce dans des limites déterminées, elle n'en constitue pas moins une autorité complète en son genre, ayant sa libre sphère d'action. Ce serait une erreur de croire qu'une Supérieure générale n'a d'autre mission que de faire exécuter des lois et des règlements tracés à l'avance qui ne laisseraient aucune place à son initiative personnelle. Gardienne d'abord des Constitutions de l'Institut dont elle ne peut s'écarter, la Prieure générale possède aussi d'une façon inaliénable le droit d'exercer sa propre autorité... (1).

« Tous les membres de la Congrégation peuvent recourir à la Prieure générale dans leurs nécessités ou

____

(1) *Coutumier*, p. 223.

embarras de tous genres, comme des filles à leur mère, en toute simplicité, liberté et confiance...

« Comme la Prieure générale, par son office, est élevée au-dessus des autres Sœurs, ainsi doit-elle les précéder toutes en la pratique de toutes sortes de vertus. Elle doit se rendre un exemplaire de bonnes œuvres, selon que le porte la Règle, s'estimer bien heureuse, non pas d'avoir l'autorité de commander, mais de pouvoir servir les Sœurs avec charité, et se persuader qu'elle doit pratiquer l'humilité avec d'autant plus d'affection qu'elle est plus élevée, selon le conseil du sage.

« Elle a pleine autorité pour diriger toutes les maisons et toutes les personnes qui les composent, selon les lois communes des Congrégations à vœux simples, et selon les lois spéciales de l'Institut.

« Elle n'oubliera jamais qu'elle est élevée en dignité, quoique pauvre créature, pour faire converger tout vers un seul but, l'honneur de Dieu procuré par la sanctification personnelle des Sœurs et par le salut des âmes, au service desquelles est consacrée toute leur vie. Elle s'appliquera donc à bien employer, pour atteindre une fin si parfaite, tous les moyens que la Sainte Eglise a établis dans la Congrégation, loin de vouloir lui substituer ses vues et ses inclinations personnelles.

« Il lui appartient, à ce titre, de veiller à ce que les Constitutions soient observées religieusement, partout et en tout, spécialement par rapport à l'oraison, au silence, à la régularité et au zèle pour les œuvres de la Congrégation.

« Elle doit cependant user de son pouvoir avec
discrétion, et s'abstenir de la multitude des prescrip-
tions, qui serait pour les Sœurs une entrave plus
qu'un secours. Elle cherchera, comme l'apôtre, à se
faire toute à tous, et mettra sa prudence à conduire
chacune de ses filles, nonobstant la diversité des hu-
meurs et des caractères, vers l'union de la charité,
les traitant en toute patience et doctrine selon leurs
dispositions, et faisant habilement germer en elles
le désir d'une perfection plus grande, sans paraître
vouloir la leur imposer par force. Enfin, elle se rap-
pellera que le divin Maître commença par agir avant
d'enseigner, et elle s'appliquera à promouvoir sans
cesse l'observance et la ferveur par ses prières et ses
exemples, plus encore que par ses commandements
et ses conseils » (1).

Le couvent est directement gouverné par la Prieure
qui tient ses pouvoirs des Constitutions.

« La Prieure aura un grand soin et un grand zèle
pour l'observance des Constitutions, du Coutumier,
du cérémonial et en particulier de la récitation de
l'Office divin. Elle tiendra la Prieure générale au
courant de l'état de sa Communauté, écrira souvent,
au moins tous les mois, et au commencement de
chaque année, elle lui adressera un exemplaire de la
circulaire qui doit être envoyée à tous les couvents,
en y ajoutant l'état du temporel et des œuvres, dressé
par la secrétaire. Elle doit travailler à établir et à
maintenir parmi les Sœurs l'union la plus parfaite,

____

(1) *Coutumier*, p. 228.

l'amour du Sacré-Cœur de Jésus, le zèle pour sa gloire, l'observance de la Règle et des Constitutions, l'amour et l'estime de la Congrégation, le respect de l'autorité, enfin, la bonne réputation de son propre couvent...

« Elle sera aussi zélée que vigilante ; elle évitera de se substituer aux officières de la maison, les excitant à s'acquitter de leur emploi, selon que le porte la Constitution, en leur âme et conscience. Elle n'aura pas moins de sollicitude pour que l'on ne contracte pas de dettes ou que celles qui sont faites soient payées le plus tôt possible, surtout les dettes courantes... » (1).

Mère Marie des Anges, qui a toujours eu en si haute estime l'obéissance et le respect dus à l'Eglise dans ses représentants, en parle ainsi dans son Coutumier :

« Le Souverain Pontife, Vicaire de Jésus-Christ, étant le premier Supérieur de tous les Instituts religieux, les âmes consacrées à Dieu par les vœux de religion doivent professer à son égard, non seulement une parfaite obéissance, mais une vénération profonde, un amour tout filial, un dévouement sans bornes.

« Les Dominicaines du Sacré-Cœur rempliront ce filial devoir à l'égard du chef suprême de l'Eglise en marchant, autant que le comporte leur vie cachée, sur les traces de leur Bienheureux Père saint Dominique, de leur séraphique Mère sainte Catherine de Sienne et des saints de leur Ordre qui tous ont été de vaillants serviteurs de l'Eglise.

____

(1) *Coutumier*, p. 240.

« A leur imitation, les Sœurs feront consister leur bonheur et leur gloire à se dévouer pour elle jusqu'à la mort, et seront, s'il le faut, toujours prêtes à voler jusqu'aux extrémités de la terre pour lui élever des enfants. Dans ce but, elles adresseront tous les jours de ferventes supplications au Cœur de Jésus et à Notre-Dame du Rosaire, offrant spécialement la récitation de Matines et Laudes à l'Office de la Très Sainte Vierge ou de l'Office canonial et la première dizaine du Rosaire.

« En s'acquittant avec zèle de leurs fonctions d'institutrices chrétiennes, elles inoculeront dans les âmes des enfants l'amour et la dévotion du Père commun des fidèles et le respect des lois de l'Eglise.

« Elles se tiendront toujours dans une pleine, entière et parfaite soumission aux Décrets et Ordinations du Saint-Siège et y obéiront fidèlement d'esprit et de cœur. Elles offriront leurs pénitences, leurs sacrifices, multiplieront leurs actes de vertus et seront toujours heureuses de servir les intérêts de l'Eglise dans les œuvres où elles seront employées par obéissance sans aller au-delà.

« Après le Souverain Pontife, le premier et le principal Supérieur de chacune de nos maisons est l'Evêque du diocèse, qui représente l'autorité du successeur de saint Pierre et du Vicaire de Notre-Seigneur Jésus-Christ. Pour lui, comme pour le Souverain Pontife, les Sœurs doivent professer le respect, la vénération, la confiance, l'amour et une obéissance toute filiale » (1).

---

(1) *Coutumier*, p. 267.

Le Révérendissime Père Früwirth, Maître général de l'Ordre, approuva les Constitutions et le Coutumier de Mère Marie des Anges, le 27 septembre 1893 (1). Il eut avec celle-ci un long entretien sur l'avenir de la jeune Congrégation. Au chapitre, il parla aux Sœurs du culte de Saint-Dominique qui rapproche de Notre-Seigneur et nous fait lui ressembler. Il félicita les religieuses de leur titre de « Dominicaines du Sacré-Cœur. » Il était heureux d'avoir trouvé une Congrégation dominicaine vouée au Sacré-Cœur de Jésus. Il leur recommanda l'observance régulière, l'attachement à la Sainte Eglise, à l'Ordre et aux âmes, la charité, l'union fraternelle, le silence et surtout l'esprit de sacrifice.

A la même date, il adressait du couvent d'Amiens, les Lettres d'affiliation de la Congrégation à l'Ordre de Saint-Dominique. Déjà en 1882, par l'intermédiaire du Père Faucillon, les Sœurs avaient obtenu du Révérendissime Père Larocca leur affiliation à l'Ordre. Celle de 1893, venant avec l'approbation des Constitutions et du Coutumier de Mère Marie des Anges, était une consécration de son œuvre par saint Dominique, dans la personne de son successeur.

Sa Grandeur Mgr Williez, Supérieur canonique, confirma tout ce qui avait été fait. Ainsi, l'œuvre de Mère Marie des Anges entrait définitivement dans la vie de l'Eglise.

Le premier Chapitre général qui se tint le 12 sep-

____

(1) Cf. *Pièces justificatives.*

tembre 1894, élut, à l'unanimité, Mère Marie des Anges, Prieure générale. On y décida qu'avant de soumettre les Constitutions au Saint-Siège, on attendrait quelques années, afin d'en bien éprouver la pratique.

CHAPITRE VI

1895-1900

Le 15 août 1895, on bénissait solennellement, au couvent d'Hardinghen, une grotte et une statue de Notre-Dame de Lourdes.

« Les deux paroisses d'Hardinghen et de Locquinghen, venues en procession, assistèrent à la cérémonie.

« M. l'abbé Bresselle, curé d'Hardinghen, fit une pathétique allocution qui toucha vivement l'assistance. On chanta, avec beaucoup d'entrain, un cantique composé pour la circonstance ; on récita le Rosaire, puis eut lieu, en plein air, la bénédiction du Saint-Sacrement sur un petit reposoir préparé dans le rocher même. La ferveur de tous était grande, on sentait déjà que la Vierge Immaculée voulait nous prouver sa maternelle protection par quelques grâces spéciales. Plusieurs malades, venus pour demander leur guérison, semblaient attendre l'effet de leur prière. Une de nos Sœurs, affligée d'une extinction de voix, depuis sept ou huit mois, avait fait neuvaines sur neuvaines pour obtenir la cessation de cette épreuve. Ce jour-là, elle avait redoublé ses prières auxquelles nous avons uni les nôtres ; mais, après la cérémonie, ne se trouvant pas mieux, elle en éprouva une peine très vive. La Communauté s'était retirée, tandis que beaucoup de personnes demeuraient à la Grotte et y priaient dévotement la Très Sainte Vierge.

« Notre Révérende Mère, s'étant aperçue que la Sœur affligée d'extinction de voix avait suivi la Communauté, la fit appeler et l'on se remit à prier pour elle, comme on le fait à Lourdes : « litanies de la Sainte Vierge, chapelet récité les bras en croix, invocations multipliées... » Et voilà que notre chère petite Sœur, se trouvant en voix, joint ses prières à celles des assistants qui furent très émus et chantèrent un *Magnificat* d'actions de grâces.

« Depuis cette époque, l'accès de la grotte est permis aux personnes séculières que la piété y attire, et notre bonne Mère du ciel a récompensé plusieurs fois leur confiance par des grâces spéciales. Tous les ans, le 15 août, en la fête de l'Assomption de la Sainte Vierge, viennent en pèlerinage les paroisses d'Hardinghen et de Locquinghen ; on y prêche, on prie, on chante et le Saint-Sacrement bénit la foule » (1).

Ces cérémonies pieuses reposaient Mère Marie des Anges de ses souffrances continuelles et de ses multiples soucis. Elle y épanchait son âme en ferventes

____

(1) *Chronique*, p. 159-160.

prières et faisait provision de courage pour les fatigues et les épreuves qui l'attendaient.

C'est dans ces dispositions que vint la frapper, le 23 mars 1896, la mort de Sœur Saint-Alphonse Letailleur. Nous laissons à la *Chronique* le soin de raconter le charme de cette vie si courte et si pleine de mérites.

« Sœur Saint-Alphonse, cueillie à l'âge de 24 ans, par le divin Jardinier, comme une belle fleur digne du Paradis, naquit à Calais le 17 janvier 1872 et reçut au baptême le nom de Maria. Son père, M. Ernest Letailleur, industriel de Calais, et sa mère, Mme Marie-Madeleine Darquer, confièrent l'éducation première de Maria, d'abord aux Bénédictines de Calais, puis aux religieuses qui remplacèrent celles-ci, les Dominicaines du Sacré-Cœur.

« Il nous fut donné d'admirer souvent l'action de la grâce en notre jeune élève. Son attrait pour la piété et pour la prière, sa dévotion à la Sainte Vierge, ses dispositions à la vertu, son application à l'étude, son intelligence, la justesse de son esprit et la droiture de son caractère faisaient de cette enfant, une de nos meilleures élèves, et nous la rendaient particulièrement chère.

« Notre désir était de la voir nous suivre à Hardinghen, mais les Bénédictines, en reprenant leur maison, reprirent aussi le soin de la petite Maria, et eurent la joie de la préparer à sa première Communion.

« M. de Lencquesaing, archiprêtre de Calais, entendit ses confessions et dirigea son âme. Ce fut pour

Maria, une grâce de choix, surtout à l'époque où ses parents l'obligèrent à quitter le Pensionnat des Bénédictines pour compléter ses études dans une institution laïque. Là, sa piété eût peut-être sombré, si elle n'avait été soutenue, éclairée par son Père spirituel et par la puissance de la grâce divine. Combien aussi ne fût-elle pas généreuse dans les voies que lui montrait la lumière d'En-Haut, quand tout, autour d'elle, l'invitait à une vie mondaine !

« Notre-Seigneur la suivait pas à pas et lui infusait un attrait puissant pour l'oraison, la sainte Communion et la vie intérieure. Elle se livrait régulièrement à l'oraison, le matin, à une heure où tous dormaient chez elle. Elle communiait souvent, à l'heure d'une promenade qu'on lui permettait dans la matinée et ne reculait pas devant la nécessité de rester à jeun jusqu'à midi. Le dimanche, ne pouvant assister à une messe matinale, elle communiait soit avant, soit après la grand'messe. Le divin Maître la dédommageait, sans doute, des privations qu'elle s'imposait pour Le recevoir ; mais la charité poussait Maria à le suivre, du plus près possible, par la souffrance volontaire. Comme elle était ingénieuse à se mortifier !

« Bien qu'elle prit grand soin à les cacher, souvent on a trouvé ses instruments de pénitence : discipline, ceintures de corde à gros nœuds, etc.

« Maria n'en était pas moins gaie, aimable en société et dans sa famille. Sa finesse d'esprit, son entrain joyeux, son talent pour le dessin et la musique étaient fort appréciés.

« Mais tout cela ne pouvait remplir son âme : elle

éprouvait le vide et le néant des biens terrestres. La voix de l'Epoux céleste se faisait souvent entendre et l'invitait à une vie plus parfaite. Elle pensait aux religieuses qui avaient formé son enfance et qu'elle savait retirées à Hardinghen. Elle s'en ouvrit à M. de Lencquesaing et à Mère Marie des Anges. L'un et l'autre lui conseillèrent d'attendre sa majorité, pour exprimer son désir à ses parents.

« Ceux-ci, quand Maria se fut ouverte à eux sur ses intentions, repoussèrent d'abord sa demande. Cet obstacle qu'elle prévoyait, loin de décourager Maria, ne fit que l'affermir dans son dessein. M. Letailleur lui déclara nettement que, si elle entrait au couvent, il ne la reverrait jamais ; Mme fit agir tous les ressorts de sa tendresse maternelle pour détourner sa fille de la vie religieuse. Maria demeura inébranlable et finit par obtenir le consentement de ses parents... Elle nous arriva, seule, un des premiers jours du mois d'août 1893.

« Son postulat fut des plus fervents. On n'eut à lui reprocher que sa trop grande ardeur pour les austérités corporelles. Seule l'obéissance put lui faire accepter les tempéraments qu'exigeait sa santé délicate. Notre petite Sœur s'adonna aux pratiques de la vie religieuse, à toutes nos observances avec une édifiante générosité. Son union continuelle avec Dieu l'absorbait au point d'en perdre parfois le souvenir des choses d'ici-bas ; ce qui lui donnait un air distrait et lui faisait négliger sa tenue extérieure, même dans les cérémonies chorales. Au réfectoire, il lui arrivait de prendre la portion de sa voisine croyant que c'était la sienne. Au dortoir, elle s'installait dans la cellule d'une autre Sœur, pensant entrer chez elle ! Ces distractions lui valurent nombre d'humiliations qu'elle acceptait joyeusement pour en tirer profit.

« Aux récréations, sa gaieté était charmante, parfois même un peu exagérée ; elle y parlait beaucoup. Sa Mère maîtresse ne manquait pas ces occasions de l'humilier et Maria, loin de s'en plaindre, s'en réjouissait, avide qu'elle était de ressembler à Celui qui, pour nous sauver, « s'était anéanti. » Par contre, en dehors des récréations, elle observait fidèlement la loi du silence, la charité fraternelle, l'obéissance ; elle était très assidue aux travaux qu'on lui confiait.

« Elle fut admise au saint Habit le 29 mars 1894 avec six autres de ses compagnes. M. de Lencquesaing présidait la cérémonie de vêture. Les nombreux ecclésiastiques qui s'y trouvaient furent ravis de l'expression de bonheur qui rayonnait sur le visage de notre chère novice. « Cette petite Sœur, remarquait l'un d'entre eux, semble rire aux anges. »

« Elle reçut le nom de Sœur Marie de Saint-Alphonse.

« Son noviciat ne fut pas moins fervent que son postulat. Son âme se fortifia encore par des épreuves intérieures, par la peine aussi que lui causa le rigoureux silence de ses parents dont elle n'eut ni la visite, ni le moindre signe de vie en réponse à ses lettres, pourtant si affectueuses et si filiales. Seuls, ses frères et sœurs vinrent quelquefois à Hardinghen. Son plus jeune frère lui donna même la consolation de le voir reprendre ses pratiques religieuses longtemps négligées. Il aimait ensuite à retremper sa foi dans les entretiens très doux qu'il avait avec sa fervente sœur. Combien celle-ci désirait que ses parents prennent le même chemin ! Dans ce but, elle multipliait prières et mortifications. Elle trouvait le moyen de réciter le Rosaire au moins trois fois par jour ; elle s'ingéniait à découvrir de nouvelles pénitences ; les orties, les feuilles de houx, la discipline, le bracelet de fer servaient admirablement son amour de la croix et son zèle apostolique. Que de choses admirables ont dû connaître ceux qui eurent le bonheur d'approcher cette belle âme ;

« Cependant, la vie extérieure de Sœur Saint-Alphonse ne différait en rien de celle de la Communauté, et l'on ne pouvait soupçonner le travail qui s'opérait en elle.

« Elle se prépara à sa Profession avec un redoublement de ferveur et de générosité. M. de Lencquesaing en présida la cérémonie. Ce jour-là, Sœur Saint-Alphonse semblait ravie en des régions supérieures ; son visage était baigné d'une lumière céleste qui frappa les assistants plus encore qu'à la vêture.

« Peu de temps après, elle fut assignée au couvent de Calais pour y exercer les fonctions de maîtresse de classe. Là, sans rien perdre de sa vie intérieure, guidée par son esprit religieux, elle s'adonna de tout cœur aux obligations que l'obéissance lui imposait. Elle enseigna le français et la littérature au premier cours. Elle réussit à merveille ; parents et élèves apprécièrent sa science et ses talents de professeur. On admirait surtout sa piété. De son côté, Sœur Saint-

Alphonse nourrissait d'autres ambitions, plus élevées, celles-là, que l'estime des créatures. Elle voulait, de toute son âme, servir Jésus-Christ, son divin Epoux, marcher sur ses traces, l'aidant généreusement à porter sa croix. « Souffrir ou mourir » à l'instar de sainte Catherine de Sienne et de sainte Thérèse d'Avila : telle fut la caractéristique de sa vie religieuse.

« Dieu lui envoya donc la souffrance sous forme de peines intérieures très douloureuses.

« Elle prétendit souffrir davantage et supplia ses Supérieures de lui permettre des austérités au-dessus de ses forces.

« Au commencement du Carême 1896, Mère Marie des Anges faisait au couvent de Calais la visite régulière. Sœur Saint-Alphonse sollicita avec larmes de sa Supérieure majeure, la permission de suivre son attrait, affirmant qu'un refus la conduirait à la mort. Notre Révérende Mère, voyant là une illusion, une exagération, n'acquiesça pas à sa demande et exigea de Sœur Saint-Alphonse le sacrifice du désir qu'elle exprimait. Celle-ci obéit ; mais Dieu, poursuivant en son âme l'œuvre purificatrice, permit un redoublement de peines intérieures ; il permit qu'au sein du Conseil général, certaines préventions s'élevassent contre elle. Ces dispositions défavorables lui furent très pénibles, mais elle s'empressa d'en remercier la bonté divine.

« Dans sa dernière lettre à notre Révérende Mère et à la Maîtresse des novices, Sœur Saint-Alphonse parlait de ses peines intérieures en des termes qui révélaient sa souffrance intime et son amour de la croix.

Alors, plus que jamais, elle se sentait irrésistiblement attirée aux pieds de Notre-Seigneur dans l'Eucharistie. Elle profitait, pour ses visites au Saint-Sacrement, de tous ses moments libres. Là, devant le Tabernacle, elle donnait libre cours à sa dévotion pour le Sacré-Cœur.

« Ses communions étaient ferventes et la fin de l'action de grâces lui devint un vrai sacrifice. Habituellement, elle nourrissait son âme de la présence de Dieu ; pour se rendre plus facile ce saint exercice, elle se servait d'un manuscrit intitulé : « Mes provisions », où elle avait transcrit nombre de belles pensées puisées dans l'Evangile, les œuvres des Pères de l'Eglise et des saints de notre Ordre. Elle portait à saint Dominique et à sainte Catherine de Sienne un amour tout filial, et s'était approprié les paroles de Notre-Seigneur à la Vierge séraphique : « Pense à moi et je penserai à toi. »

« Dans ses rapports avec ses Supérieures, Sœur Saint-Alphonse était simple, ouverte, respectueuse, obéissante. Avec ses Sœurs, elle se montrait cordiale, charitable, édifiante. Avec ses élèves, elle agissait en maîtresse capable et zélée. Souvent elle a offert sa vie à Dieu pour son père, sa mère et ses frères, pour les pécheurs aussi : elle possédait à un haut degré l'esprit apostolique.

« Notre chère Sœur eût rendu à notre Congrégation de précieux services si elle avait eu devant elle de longues années à vivre. Mais son âme trop pure pour ce monde devait s'envoler toute jeune vers le séjour des élus !

« La veille des Rameaux, 21 mars 1896, elle disait à ses élèves : « Il faut que je me hâte si je veux terminer la correction de vos cahiers, avant de mourir. » A la récréation du lendemain, elle se montra plus gaie que d'habitude et alla jusqu'à recommander à une Sœur enrouée de se guérir promptement : « Je désire, lui dit-elle, enjouée, et il faut que vous chantiez aux Offices de ma sépulture ! »

« Peu après, on sonnait le silence et la Communauté se rendait à la chapelle pour les « suffrages. » Sœur Saint-Alphonse y remplit ses fonctions d'hebdomadaire, sans paraître fatiguée ou souffrante. Une demi-heure après, elle fut prise dans sa cellule d'une toux opiniâtre que l'on traita et soigna comme une toux nerveuse. A 10 heures, survinrent des crachements de sang, des suffocations. Le médecin, appelé en hâte, diagnostiqua une paralysie des poumons, déclarant très grave l'état de la Sœur.

« M. l'Archiprêtre et le Doyen de Saint-Pierre, prévenus, se rendirent immédiatement au couvent. Mère Marie des Anges, appelée par exprès et incapable de faire le voyage, retenue à Hardinghen par la maladie, envoya à Calais la Maîtresse des novices et la Sœur infirmière.

« Durant ce temps, notre chère malade, tout heureuse de se voir si près de son éternité, se préparait avec ce qui lui restait de force et de vie, à paraître devant Dieu. Elle put se confesser, recevoir en pleine connaissance, avec les derniers sacrements, tous les secours de notre sainte religion. Elle s'entretint avec bonheur avec M. de Lencquesaing et revit, joyeuse,

sa Maîtresse des novices qui lui transmit la bénédiction et les recommandations de notre Révérende
Mère, les fraternels adieux de la Communauté d'Hardinghen et du Noviciat.

« Avec une permission extraordinaire de Mère
Marie des Anges et de notre Supérieur canonique,
M. de Lencquesaing, on appela M. et Mme Letailleur
qui accoururent auprès de leur fille mourante. Celle-
ci les reconnut, sans doute, mais ne put leur dire un
seul mot ! A ce moment suprême des grâces divines,
ils durent probablement, ployant sous le coup qui les
frappait, recevoir du Père céleste, rempli de miséricorde, la grâce de la conversion, fruit des prières et
des immolations incessantes de leur pieuse enfant.
Ils demeurèrent à son chevet jusqu'à son dernier
soupir.

« Vers 3 heures de l'après-midi, après une longue
et pénible agonie, Sœur Saint-Alphonse s'éteignit
doucement. Ses traits altérés par la souffrance, reprirent leur sérénité. Quand on la revêtit du saint
Habit, la Maîtresse des novices découvrit sur sa
couche une croix, formée de 75 galets, qui lui servait
d'instrument de pénitence ! On les recueillit pieusement pour les placer dans le sanctuaire et sous l'autel
majeur de notre nouvelle chapelle.

« Les funérailles se firent suivant les usages de notre
Ordre et de notre Congrégation, dans la chapelle du
couvent de Calais. M. de Lencquesaing les présida et
M. le chanoine Bourgain, curé-doyen de Saint-Pierre,
assisté du clergé paroissial, célébra l'Office.

« La dépouille mortelle de Sœur Saint-Alphonse,

sur le désir exprimé par son père, repose au cimetière de Calais, dans le caveau de la famille Letailleur. C'est un de nos grands regrets de n'avoir pu la posséder à Hardinghen, tout près de nous, avec les restes de Sœur Marie Imelda et de Sœur Marie-Hyacinthe.

« O chère petite Sœur, n'oubliez pas votre famille religieuse... que vous avez tant aimée ! Priez pour nous ! Protégez-nous ! » (1).

Dieu écouta cette prière et sa protection s'étendit sur l'œuvre de Mère Marie des Anges. Cette œuvre, le deuxième Chapitre général, tenu à Hardinghen le 11 août 1897, sous la présidence de M. de Lencquesaing, l'organisa suivant les Constitutions et le Coutumier que le Révérendissime Père Frühwirth et Mgr Williez, l'Evêque d'Arras, avaient récemment approuvés.

A ce Chapitre, Mère Marie des Anges proposa l'acceptation définitive d'une fondation chère à son cœur : l'hôpital de Bormenville.

Au mois d'octobre 1896, M. le Curé de Flostoy, au diocèse de Namur, lui offrait la direction d'un petit hôpital bâti aux frais du comte Guy de Berlaymont, en son domaine de Bormenville. La Supérieure de La Mallieue y fut députée afin d'examiner toutes choses. Elle vit le comte et la comtesse de Berlaymont et visita l'hôpital. Situé entre Havelange et Hamois, sur la ligne de Ciney à Huy, tout en face de la gare de

---

(1) *Chronique*, p. 150-158.

Bormenville, sur la lisière d'une vaste et splendide forêt, cet établissement présentait de sérieuses garanties pour la vie religieuse et l'œuvre des malades qu'on voulait y fonder.

Sur le rapport favorable de la Supérieure de La Mallicue, le conseil de la Congrégation décida d'entrer en pourparlers avec le comte de Berlaymont. Celui-ci désirait vivement les Sœurs ; il en écrivit, faisant connaître les conditions dans lesquelles il les recevrait. Après mûres réflexions, sur l'autorisation des Evêques d'Arras et de Namur, Mère Marie des Anges accepta la fondation et voulut y envoyer une petite colonie au mois de janvier suivant (1). Mais une maladie survenue au noble Fondateur, la mort qui le surprit le 10 mars 1897, retardèrent l'installation des Sœurs jusqu'au 29 septembre de la même année.

Mme la comtesse Guy de Berlaymont, qui avait personnellement accepté les clauses du contrat passé entre le Comte et Mère Marie des Anges, assista, avec quelques membres de la haute noblesse de Belgique, à l'installation des Sœurs et à la bénédiction de la chapelle de l'hôpital.

Mère Marie des Anges demeura une dizaine de jours à Bormenville pour aider les Sœurs à s'orienter. Elle eût voulu voir et soigner les premiers malades, mais elle n'en eut pas la joie, car les malades tardèrent à se présenter. En attendant, les Sœurs se préparèrent, dans le recueillement et la prière, à se donner aux membres souffrants de Jésus-Christ qui leur

---

(1) Registre des délibérations ordinaires du Conseil, p. 81-86.

viendraient. Ils arrivèrent bientôt : c'étaient des vieillards ou infirmes de Bormenville et des communes environnantes.

Cependant, grâce à l'excellente situation de l'hôpital, au talent et au dévouement du médecin-chirurgien de la maison, au dévouement intelligent des religieuses, la classe aisée ne tarda pas à y solliciter sa place. Cette circonstance transforma peu à peu le caractère de l'œuvre qui devint sanatorium-clinique. Mme la comtesse de Berlaymont fit construire des chambres particulières. Cet heureux agrandissement permit d'accroître le nombre des Sœurs et de transformer l'œuvre en couvent. Dieu y mit sa bénédiction : de l'origine au mois d'octobre 1911, dans l'espace de quatorze ans, on a reçu au sanatorium 560 malades ; 479 sont sortis guéris, 53 y sont morts, presque tous vieillards ; 225 on subi une opération chirurgicale, et 4 ou 5 seulement sont décédés par suite de l'opération.

La vie religieuse s'y est développée et bat son plein, malgré les occupations que nécessite le soin des malades.

Une autre œuvre, toute différente, allait solliciter la générosité des Sœurs.

Sur les hauteurs de Namur, à Bouge, dominant la ville et la vallée de la Meuse, se trouvait depuis 1880, un Institut de sourds-muets, fondé à Namur en 1840, par un sourd-muet, M. Achille-Louis Gourdin.

Celui-ci avait fait ses études à Paris sous la direction de l'abbé Sicard que le célèbre abbé de l'Epée avait formé à l'enseignement mimique. Achille Gourdin fut un des meilleurs élèves de cette école, comme l'atteste le certificat qui lui fut délivré à la fin de ses études et que l'on conserve à l'Institut de Bouge.

Aussitôt sa maison ouverte, le nouveau directeur se consacra sans réserve à la formation de l'esprit et du cœur des sourds-muets. Jusqu'en 1867, il assuma seul le soin de les instruire, passant en classe les journées entières et employant ses veillées à la correction scrupuleuse des devoirs que faisaient les élèves sous la surveillance des répétiteurs et des répétitrices. L'œuvre ne tarda pas à prospérer. En 1865, il perdit la compagne de sa vie, qui le secondait dans l'administration de la maison et pour les soins maternels à donner aux enfants.

La commission de surveillance ayant engagé M. Gourdin qui n'avait qu'un fils à s'adjoindre une femme pour la direction du quartier des filles, celui-ci fit appel à Mlle Victorine Desjardin qui s'était déjà livrée à l'éducation des sourds-muets. Celle-ci se dévoua d'une façon intelligente à l'œuvre et M. Gourdin n'hésita pas, en 1871, à unir son fils à cette femme vaillante.

L'année suivante, il mourait, rassuré sur l'avenir de son œuvre. Quatre ans après, en 1876, son fils le suivait dans la tombe. Ce nouveau deuil fut un coup très rude pour Mme Gourdin. Elle puisa, cependant, force et courage, dans son amour des sourds-muets. Elle s'assura le concours de sa nièce, Mlle Adolphine Desjardin, qui vint partager sa vie de dévouement.

Aidée de maîtres zélés, elle se mit à l'œuvre et vit

s'accroître le nombre des élèves, au point que les locaux devinrent bientôt insuffisants.

C'est alors que la Directrice songea à transférer l'Institut dans une propriété qu'elle possédait à Bouge. Ce projet, vu l'exiguïté de la propriété, semblait irréalisable, mais la confiance de Mme Gourdin en la Providence, surmonta toutes les difficultés ; l'installation eut lieu le 20 octobre 1880. L'établissement réalisait toutes les espérances qu'il avait fait concevoir au point de vue du bien-être matériel et des conditions hygiéniques ; il répondait en outre à sa destination et gagnait, de plus en plus, la confiance des parents et des autorités.

Que se proposait-on à Bouge ? Quelle méthode y a-t-on adoptée pour la formation des sourds-muets ? Il n'est pas hors de propos de se le demander, puisque c'est, en même temps, indiquer les bases qui servirent aux Dominicaines pour le développement de l'œuvre.

Instruire les sourds-muets, les former au bien et à la vertu, leur donner un métier, une profession qui les mette à l'abri du besoin et les rende utiles à la société : tel est le but de l'Institut. L'enseignement est oral. La lecture sur les lèvres, la démutisation sont la base du programme qui est, à peu près, celui de l'enseignement primaire. Les élèves comprennent au mouvement des lèvres et articulent d'une manière parfaitement distincte. En sortant de l'Institut, ils peuvent s'expliquer oralement et exercer une foule de professions qui leur étaient interdites auparavant.

C'est donc la méthode orale qu'on emploie à l'Institut, c'est-à-dire un système dans lequel la pensée est traduite à la fois par la parole parlée ou écrite, à l'exclusion de l'alphabet manuel et de la mimique.

« Amener le sourd-muet à penser par la parole, c'est-à-dire à l'aide des images faciales visuelles et des images motrices d'articulation. L'écriture appuie la parole en fixant l'attention des élèves. Ceux-ci peuvent donc lire sur les lèvres, par la pensée ou l'articulation, les mots qu'ils emploient ; ils les lisent aussi au tableau ou dans les livres. Pour les commençants, on apporte une grande attention à faire garder la position exacte des organes de la voix dans la prononciation de chaque lettre » (1).

Des circonstances que nous n'avons pas à raconter amenèrent Mme Gourdin à confier son établissement à une Communauté religieuse pour continuer aux sourds-muets ce dévouement qui avait été le bonheur de sa vie. Dans ce but, elle vit au couvent de Notre-Dame de la Sarte, le Père Iweins de vénérée mémoire, lequel en écrivit à Mère Marie des Anges. Celle-ci examina devant Dieu la proposition qui lui était faite, assembla son conseil et répondit que, pour entamer de plus amples négociations, elle désirait obtenir des renseignements sur la situation de la Maison et sur l'enseignement qu'on y donnait. Ces renseignements sur le but de l'œuvre, son organisation, sa situation matérielle, intellectuelle et morale, les conditions dans lesquelles devait s'opérer le transfert, parvinrent à Mère Marie des Anges.

----

(1) *Chronique de l'Institut de Bouge.*

Soutenue alors par les conseils d'un vénérable religieux, ex-Provincial·des Dominicains belges, Mère Marie des Anges se décida à entrer directement en relation avec Mme Gourdin, après en avoir référé à Mgr Williez qui autorisa les négociations. Elle arriva donc à Namur dans les premiers jours de novembre et visita la maison en détail. Elle acquit la conviction qu'on pouvait poursuivre les pourparlers.

Les conditions posées pour la cession étaient les suivantes :

1° Mme Gourdin cédait son Institut avec son mobilier, la maison et la ferme attenante, à la Congrégation d'Hardinghen qui, en retour, se chargerait de continuer par ses membres ou par un personnel capable, l'œuvre si méritoire de la formation des sourds-muets et des sourdes-muettes ;

2° Par cette cession, Mme Gourdin se démettait de son titre de Directrice en faveur de la Congrégation qui, par ce moyen, arriverait à obtenir de l'Etat, des provinces et des communes, les subsides nécessaires à l'éducation des sourds-muets ;

3° La Congrégation prendrait en outre, à sa charge, certaines dettes hypothécaires et la pension de la Directrice et de sa nièce.

Quand tout fut réglé, les Evêques de Namur et d'Arras, consultés, ayant donné au projet une entière adhésion, les démarches auprès de l'autorité civile, pour l'obtention des subsides, ayant abouti, Mère Marie des Anges ne pensa plus qu'à organiser la fondation (1).

____

(1) Registre des délibérations ordinaires du Conseil, p. 89-95.

Six religieuses, dont quatre de chœur et deux converses, furent désignées pour cette œuvre. Elles quittèrent Hardinghen le 2 mars 1899, accompagnées de Mère Marie des Anges qui présida à leur installation. Mᵐᵉ Gourdin les reçut avec un affectueux empressement. L'accueil du Gouverneur de Namur fut très sympathique et rempli de promesses pour l'avenir. C'était un précieux encouragement destiné à soutenir la Communauté dans les difficultés qui allaient commencer.

« L'arrivée des religieuses dominicaines à l'Institut avait causé une assez vive émotion dans l'établissement, dit M. l'abbé Devos, dans sa chronique. Tout le personnel de la maison, hommes et femmes, sans être précisément hostile, se tenait sur une réserve tellement froide que les Sœurs ne parvenaient pas à créer un courant de sympathie à leur égard. Ce personnel se laissait dominer par un étroit sentiment de défiance, s'abstenait systématiquement de toute communication marquée d'un peu de bienveillance. Les Sœurs reconnurent bientôt qu'elles ne pouvaient compter sur le dévouement de personne.

« Que devaient-elles faire ? Se décourager ? Non. Ce fut la Révérende Mère qui, par sa vaillance, sut inspirer à ses filles le sentiment de la résistance chrétienne. Elle décida qu'on irait de l'avant en prenant patience et qu'on marcherait du pas que Dieu permettrait de suivre. Elle espérait que le Sacré-Cœur lui apporterait aide et protection » (1).

____

(1) *Chronique de l'Institut de Bouge.*

Cette protection ne leur fit pas défaut et les Sœurs virent bientôt les difficultés s'aplanir. L'autorité diocésaine se montra tout particulièrement bienveillante, dans la personne d'un prêtre de haute valeur qui fut et demeura pour l'œuvre de Bouge ce que M. de L'encquesaing avait été pour Hardinghen et Calais.

Pourvues de ces appuis, les Sœurs firent face à d'autres difficultés et parvinrent avec le temps, à mettre l'œuvre sur un excellent pied : renouvellement complet du corps professoral, réparations et constructions pour classes, ateliers, infirmerie, perfectionnement de la méthode d'enseignement leur attirèrent de justes félicitations des inspecteurs et des congrès tenus en vue de l'amélioration de l'instruction des sourds-muets.

Pour les garçons, l'Institut possède des ateliers de cordonnerie, de menuiserie et d'ébénisterie, de confection, fréquentés par nombre d'entre eux. D'autres sont initiés au jardinage, à la boulangerie. Les sourds-muets, qui manifestent des dispositions pour un métier non enseigné à l'Institut, sont envoyés en ville ; ainsi l'un d'eux sortit de Bouge très bon sculpteur.

Les filles sont initiées à tous les travaux féminins : couture, repassage, broderie, raccommodage, etc. Elles reçoivent des leçons de coupe et peuvent suivre des cours ménagers.

Outre une caisse de retraite établie dans la maison et à laquelle les élèves sont affiliés, ceux-ci ont encore un livret de caisse d'épargne sur lequel sont inscrites

les récompenses méritées par leur bonne conduite et
leu travail intellectuel et professionnel.

Ces fondations valurent à Mère Marie des Anges
beaucoup de soucis et de peines ; elle en fut dédom-
magée par les progrès toujours croissants qui mar-
quèrent ces œuvres.

Hardinghen, à cette époque, réclama ses maternelles sollicitudes. La chapelle, le couvent étaient
devenus trop étroits pour les religieuses et les élèves
internes et externes. Un agrandissement s'imposait.
Dans ce but il fallait des ressources.

Selon son habitude, Mère Marie des Anges s'adressa
au Sacré-Cœur : « Cœur de Jésus, clamait-elle les
bras en croix, donnez-nous une chapelle et quarante
cellules ! » Dieu l'entendit ; on put se mettre à
l'œuvre. Le 17 juin 1898, M. le chanoine de Lencquesaing bénissait solennellement la première pierre de
la chapelle. Le 1ᵉʳ juillet suivant, Mère Marie des
Anges posait elle-même cette première pierre et,
depuis, la chapelle s'éleva peu à peu, en croix bien
marquée dont le pied formait le chœur des religieuses
et les bras, la partie réservée aux élèves du Pensionnat
et aux fidèles.

Dans le sanctuaire, l'on plaça un autel de marbre
blanc, don de M. de Lencquesaing. Ce témoignage
remplit de joie et de gratitude le cœur de Mère Marie
des Anges qui promit bien volontiers, en son nom et
au nom de la Communauté, de préparer au digne et
vénéré Supérieur une « place dans les tabernacles
éternels », suivant le désir qu'il en avait exprimé.

Le 16 mai 1899, la chapelle achevée fut bénie par
M. de Lencquesaing, après un Triduum, prêché par
un religieux Dominicain du couvent de Lille, en
l'honneur du Bienheureux Innocent V. Le 20 novembre 1900, Mgr Doulcet, évêque missionnaire de
l'Ordre des Passionnistes, en visite dans la maison
que ces religieux possédaient à Hardinghen, voulut
bien, sur les instances du Supérieur, consacrer le
nouveau temple élevé au Sacré-Cœur. Mère Marie des
Anges, retenue par une des crises de sa maladie, ne
put assister à la consécration, mais son âme débordait
de reconnaissance.

Derrière la chapelle, on avait aménagé un petit
cimetière pour la sépulture des religieuses. Le rêve de
Mère Marie des Anges était d'y transférer les dépouilles de Sœur Marie Imelda et de Sœur Marie-
Hyacinthe Dubail, inhumées au cimetière de la paroisse. Les formalités remplies, on procéda à la translation.

« Je vois encore notre Mère présider à tout, raconte
un témoin ; elle avait voulu que la chapelle fût belle,
toute garnie d'or et de fleurs blanches ; les vierges
sages ne venaient-elles pas reprendre leur place au
nid ?

« Se figurant que les cercueils seraient retrouvés
intacts, même après dix ans, notre Mère ne voulait
pas entendre parler de petits cercueils. La veille de la
translation, elle me disait : « Si nous pouvions obtenir
la permission de reprendre ces deux cercueils, sans
les ouvrir ; nous pourrions voir, au couvent, ce qu'ils

renferment et ranger bien tranquillement les ossements de nos Sœurs... »

« Mais les choses ne devaient pas se passer ainsi :
le jardinier fut envoyé plusieurs fois à la paroisse. Le
soir, il rapportait cette nouvelle que, seules, les parois
des cercueils tenaient encore ; plus de fond, plus de
couvercle, et l'on découvrait, mêlés à la terre, des
morceaux de vêtements, des os... On attendait le lendemain pour creuser plus profondément.

« Le lendemain, la Mère Prieure et moi, nous nous
rendions à la paroisse. Notre Mère nous avait dit :
Puisqu'il ne reste plus que les os et qu'ils sont mé-
langés à la terre, prenez du sublimé et au fond des
fosses, lavez ces ossements et rangez-les, le mieux possible, dans les deux coffrets. »

« Chère Mère !... Là encore, les choses ne purent
s'effectuer suivant son désir maternel. Nous trouvâmes les têtes bien conservées, les ossements, les
grains de Rosaire et quelques lambeaux d'étoffe. Mais,
il faisait un temps épouvantable, toutes les cataractes
du ciel semblaient ouvertes ; nous dûmes nous hâter
sous une pluie battante et sous la surveillance du
garde champêtre, seul représentant de l'autorité civile
dans le village. M. le Curé et M. Dubail, frère de
Sœur Marie-Hyacinthe, assistaient à ce triste spectacle.

« Nous nous pressions pour éviter à notre Mère qui
devait accompagner la Communauté, une émotion
trop pénible. Malgré notre diligence, nous n'avions
pas fini notre besogne quand elle arriva. On ne put
l'empêcher de descendre pour voir ce qui restait de
ses filles !

« M. le Curé, ayant donné l'absoute à l'église paroissiale, le convoi se dirigea vers le couvent où il arriva vers 10 heures... Notre Mère avait fait préparer un brancard tendu de blanc. On le chargea des précieuses dépouilles qui firent le tour du cloître, portées par les Sœurs. Après le service chanté pour le repos de l'âme des chères disparues, on inhuma au nouveau cimetière ce qui nous restait d'elles...

« Cette journée fut une des meilleures pour notre Mère. »

Mère Marie des Anges eut aussi la joie de voir s'augmenter le nombre des novices, au point qu'il fallut songer à bâtir. On en profita pour rendre le couvent plus régulier. Dans ce but, on construisit un côté de cloître qui longe l'aile gauche du château. Au-dessus, on éleva deux étages, le premier destiné au Noviciat, le second aux Sœurs de la Communauté. Le rez-de-chaussée de la construction primitive fut repris et affecté aux parloirs et à la porterie.

L'œuvre de Mère Marie des Anges avait prospéré : Hardinghen, avec Noviciat et Pensionnat ; Calais-Saint-Pierre, Couvent et Pensionnat ; la Mallieue ; l'hôpital de Bormenville et l'Institut des sourds-muets de Bouge. On pouvait, le 6 janvier 1901, célébrer le premier Jubilé de la Congrégation. La fête fut tout intime. Du cœur de Mère Marie des Anges et de ses filles, sortit allègrement le chant de la gratitude et de la confiance envers le Sacré-Cœur qui avait fondé et conduit tout avec sagesse, douceur et fermeté. « Quid retribuam ! » Que rendre à Dieu pour ses immenses bienfaits !

Le 25 septembre de la même année, les premières compagnes de Mère Marie des Anges, qui, à Brebières, avaient posé avec elle, les premières bases de la Congrégation, dans l'humilité et la souffrance, célébraient aussi leur jubilé. Elles avaient été à la peine, elles devaient être à l'honneur !

C'est ainsi que Dieu ménageait aux Sœurs ses plus douces consolations pour les armer sans doute contre l'orage qui, bientôt, fondrait sur elles. Il soufflait déjà le vent de la persécution, annonçant la séparation et l'exil !

CHAPITRE VII

1895-1902

L'état maladif de Mère Marie des Anges qui, par moments, inspirait à ses filles de sérieuses inquiétudes, porta la sainte Fondatrice à fixer, pendant une retraite annuelle, sous forme testamentaire, ses dispositions spirituelles et ses désirs secrets. Ecrit tout entier de sa main, ce testament est signé et daté du 27 octobre 1895, deux ans après l'approbation des Constitutions et du Coutumier, et l'affiliation de son œuvre à l'Ordre de Saint-Dominique. Il fut revu le 26 mars 1902, à la veille de la persécution et de l'exil.

Ainsi donc, placé entre l'affermissement de l'œuvre et la persécution qui essayera de la détruire, cet acte de Mère Marie des Anges nous renseigne exactement sur ses pensées intimes au sujet de cette œuvre. Nous y trouvons son cœur. N'intitule-t-elle pas, en effet, ce testament :

« Testament spirituel ou testament de mon cœur...

« Je donne mon âme à Dieu, mon Créateur, mon Sauveur et mon Rédempteur à qui je demande la grâce de mourir saintement dans la foi de l'Eglise catholique, apostolique et romaine et dans la Communauté des Dominicaines du Sacré-Cœur dont j'ai le bonheur d'être membre.

« Je demande humblement pardon à tous ceux et celles que j'ai pu offenser, contrister ou malédifier et je pardonne également à tous ceux et celles qui ont pu me faire de la peine.

« Je demande qu'après ma mort, on accorde à mon corps la sépulture ecclésiastique et à mon âme, les prières, tous les suffrages que notre saint Ordre accorde à ses enfants. De plus, je demande à chacune de mes filles, la charité de faire neuf fois le chemin de la Croix, neuf fois la récitation du saint Rosaire et l'application des indulgences qu'elles peuvent gagner, durant les six mois qui suivront mon décès. En retour, je leur promets de prier beaucoup pour elles quand je jouirai du bonheur éternel, si la divine miséricorde daigne me l'accorder, comme je l'espère.

« Je recommande à mes chères filles de garder toujours avec une fidélité inviolable la sainte Règle qu'elles ont vouée ; de faire fleurir la charité fraternelle, le dévouement à leur Communauté, l'esprit de famille, la simplicité, l'obéissance, la sainte pauvreté, l'esprit de sacrifice et, par-dessus tout, l'amour du Sacré-Cœur de Jésus, la dévotion au saint Rosaire et le zèle des vrais enfants de Saint-Dominique.

« Quand le moment de faire l'élection d'une Prieure sera venu, je vous recommande, mes chères filles, de vous dépouiller de tout sentiment personnel et de nommer celle qui, devant Dieu, vous semblera la meilleure, la plus propre à procurer le bien spirituel et matériel de la Communauté, lui conserver son esprit. J'espère que votre choix tombera sur un membre de notre Congrégation et que vous n'irez pas chercher une Prieure générale dans un autre couvent. Celle qui sera élue aura grâce et mission pour vous conduire ; il faudra donc, de tout cœur, lui accorder votre confiance, votre respect, votre obéissance comme à la représentante du divin Maître. En cela, vous serez agréables au bon Dieu, vous ferez descendre sur vous les bénédictions et les grâces dont vous aurez besoin ; j'ose dire que vous entrerez dans mes désirs.

« Ne craignez pas d'être abandonnées de Dieu tant que vous lui serez fidèles. La Providence du Cœur de Jésus pourvoira à tous vos besoins. Oui, le Cœur de Jésus sera plus que jamais votre Père et votre Mère. Vous serez toujours son troupeau privilégié. Il multipliera votre nombre pour la gloire de son Nom.

« Je désire et je vous demande, au nom de la tendresse maternelle que je vous porte à toutes en général et à chacune en particulier, d'avoir pour la maison de Saint-Pierre comme pour celle d'Hardinghen, une affection égale. Ces deux maisons doivent être animées du même esprit, elles ne doivent former qu'un cœur et qu'une âme dans la charité ; qu'il en soit de même pour la fondation de la Mallieue, de Bouge-lez-Namur, de Bruxelles et pour les autres qui peuvent être fondées par vous, dans la suite.

« Je recommande à celles qui me succèderont dans la charge de Prieure générale, de se montrer toujours mères pour leurs filles. Qu'elles tempèrent, par la charité, les actes de leur autorité, s'efforçant avant tout de faire régner la charité, la paix, l'union des cœurs, l'observance des Constitutions, du Coutumier, l'esprit intérieur, le silence, l'esprit apostolique ; de bien surveiller la formation des novices, de marcher toujours d'accord avec les Supérieurs ecclésiastiques, de donner tous leurs soins à procurer la sanctification de leurs filles, sans partialité, sans préférence pour aucune, les aimant, les servant toutes largement, pourvoyant à tous leurs besoins et leur servant d'exemple en toutes choses.

« Que leur sollicitude maternelle ne se borne pas à procurer le bonheur religieux aux Sœurs de la Maison-Mère, mais qu'elle s'étende à toutes les Sœurs des autres Maisons.

« Qu'elles soutiennent l'autorité des Supérieures locales tout en conservant sur les Maisons secondaires leur propre autorité selon les Constitutions et l'esprit de Dieu.

« Qu'elles veillent sur les œuvres dirigées par la Congrégation, pourvoyant, autant que possible, à ce que tout s'y fasse selon l'esprit de la Règle et le bien des âmes...

« Gardez les conseils de votre Mère, elle veillera sur vous quand la miséricorde du Cœur de Jésus, la protection de Marie Immaculée et vos bonnes prières lui auront ouvert le ciel où nous nous reverrons pour ne plus nous quitter ! *Amen* » (1).

---

(1) Cf. *Pièces justificatives.*

Ce testament est, pourrait-on dire, comme l'esprit des Constitutions et du Coutumier de Mère Marie des Anges. Il exprime exactement aussi l'âme de la sainte Fondatrice. Sa correspondance suivie avec les Supérieures et les simples religieuses, les conseils courts, substantiels et remplis de sagesse qu'elle donnait dans l'intimité, son administration en forment un lumineux commentaire. Il ne sera pas inutile, croyons-nous, de nous y arrêter et d'y recueillir les principes de la direction spirituelle de Mère Marie des Anges.

Au témoignage des prêtres, religieux et religieuses qui l'ont approchée et connue intimement, la fondatrice des Dominicaines du Sacré-Cœur était douée par Dieu de certaines qualités qui la secondaient merveilleusement dans le gouvernement des âmes.

L'éducation reçue chez Mme Sicard et au couvent de la Présentation de Toulouse en fit une chrétienne éclairée. Elle s'initia aux œuvres en la compagnie de sa mère et sous la direction du « Saint de Toulouse », le Père Marie-Antoine. Elle y acquit des clartés de tout. Son instruction — celle qu'on donnait alors aux jeunes filles libres — était moins étendue, sans doute, que de nos jours, mais sérieuse et solide.

Religieuse, Mère Marie des Anges médita surtout l'Evangile et les écrits des Maîtres de la vie spirituelle. Sur le tard, l'Evangile lui suffisait.

Elle recourait ordinairement à la prière pour voir clair en elle et dans les autres ; pour interpréter les événements. Les deux livres où elle puisait alors étaient le *Crucifix* et l'*Eucharistie*.

« Il suffisait, dit un témoin, de voir notre Mère

devant le Saint-Sacrement exposé, pour comprendre sa foi. Elle ne quittait pas des yeux la sainte Hostie, et quel regard elle avait !... Elle se prosternait sur son prie-Dieu ; rien ne la distrayait ; on sentait qu'elle était toute pénétrée de la présence de Dieu.

« Quand notre Mère parlait du Sacré-Cœur, on éprouvait que son âme en était remplie et que son amour pour Notre-Seigneur ne demandait qu'à déborder sur les autres... »

Cette foi imprégnait un jugement naturellement droit et donnait à Mère Marie des Anges des vues très justes sur les personnes et sur les événements. D'autant qu'elle savait, par une sainte défiance d'elle-même, recourir aux conseils des personnes dont elle avait déjà expérimenté la prudence et la piété. Enfin, nous avons dit sa filiale soumission aux représentants de l'Eglise.

Ces dispositions expliquent ce qu'il y avait de mûr, de prudent, de sage dans la direction spirituelle de Mère Marie des Anges.

Elle n'eut pas, dès l'origine de la fondation, la fermeté désirable pour faire prévaloir, dans la conduite de ses filles, ses judicieux conseils. Mais les nécessités de l'œuvre et les épreuves l'obligèrent bientôt à cette fermeté sans laquelle n'aboutira jamais la meilleure direction.

Faut-il, d'ailleurs, accuser là un défaut de caractère ? Il est certain que Mère Marie des Anges usa toujours de fermeté envers elle-même. Sa patience dans les épreuves de la vie religieuse et de sa vie de Supérieure était connue ; la dureté avec laquelle elle se traitait quand le devoir l'arrachait à son lit de souffrance, faisait verser des larmes aux Sœurs qui la soignaient. Mais lorsqu'il s'agissait des autres, elle se montrait bonne, indulgente.

« Dire la bonté de notre Mère, écrit un témoin, est chose impossible. On avait accès près d'elle à toute heure du jour et, même à Hardinghen, quand elle était vaillante, elle aimait à rester le soir à la chapelle, après les suffrages. Celles qui avaient une peine, une inquiétude, allaient la trouver et, sous le regard du bon Dieu, elle disait un mot, comme elle savait en dire, et on la quittait toujours dans la paix.

« Il lui arrivait aussi le soir, de faire le tour des cellules. Avec quel plaisir on l'attendait au dortoir des Novices, situé à l'extrémité du couvent. Dès qu'on entendait sa petite toux, les rideaux s'ouvraient et toutes avaient, avec un bon sourire, la bénédiction de leur Mère. Si une Sœur souffrait ou si, dans la journée, elle avait commis une faute extérieure qui avait peiné notre Mère, celle-ci s'arrêtait près d'elle, la conseillait, la remontait et toujours la laissait dans le calme...

« Qui dira aussi la bonté de notre Mère pour les élèves du Pensionnat ? Toutes aimaient à aller dans sa chambre pour lui confier leurs chagrins d'enfants !... pour toutes, elle avait des mots charmants. Les anciennes revenaient avec plaisir ; elle les faisait causer sur leur vie de jeune fille, les conseillait, les réprimandait doucement si elles n'avaient pas été fidèles à tout ce qu'elles avaient promis.

« Plusieurs d'entre elles n'eussent pas voulu prendre

une décision sérieuse au sujet de l'avenir sans lui
avoir confié leurs espérances. L'une d'elles, santé fragile, âme délicate, ne consentit pas à des fiançailles
qu'on lui proposait, avant d'avoir reçu de notre Mère
l'assurance qu'elle n'avait rien au cœur, ni à la poitrine. Elle devait épouser un médecin. Je la vois encore, se faisant ausculter par notre Mère et, sur la foi
qu'elle pouvait accepter le bonheur que la Providence
lui ménageait, se retirer toute joyeuse... Elle n'eut
pas à regretter d'avoir suivi le conseil qu'on lui donnait... »

Une des formes principales qu'affectait la bonté de
Mère Marie des Anges, était le soin qu'elle prenait
d'interpréter tout en bien. Elle prétendait vouloir
excuser l'intention quand un faute lui paraissait
réelle. « La charité, disait-elle, couvrira tout ; ne ju-
geons pas et nous ne serons pas jugés... »

Elle avait, semble-t-il, reçu le don de distinguer
toujours entre la faute commise et le malheureux qui
la commettait ; remplie d'horreur pour le mal, elle
trouvait dans son cœur des miséricordes inouïes pour
les pécheurs. Il nous faut croire qu'elle s'inspirait de
l'exemple du divin Maître qui fut, au grand scandale
des Pharisiens, indulgent aux crimes de Marie-Madeleine et de la femme adultère ; bienveillant envers
Zachée, le publicain.... qui admit un Judas dans le
Collège apostolique, pria pour ses bourreaux et nous
traite nous-mêmes, chaque jour, avec tant de bonté !
Et si la conduite de Mère Marie des Anges, vis-à-vis
de certaines personnes qui l'approchèrent et se mon-
trèrent ensuite indignes de sa confiance, nous étonne

encore, sachons que des religieux, des supérieurs prudents et vertueux, l'appelèrent auprès de personnes déchues dans l'opinion, persuadés que ses conseils et sa vie sainte les ramèneraient dans la voie droite. C'est à l'aide de la lumière, émanée de l'Evangile, qu'il nous faut juger la conduite de Mère Marie des Anges en certaines occasions délicates. Dans sa noblesse et sa pureté, son grand cœur, où s'épanouissaient à l'aise la douceur et l'humilité du Cœur de Jésus, croyait difficilement au mal et prêtait volontiers aux autres ses propres vertus. Elle dut cependant se rendre à de cruelles évidences, elle en souffrit beaucoup. Mais, comment empêcher le feu de la divine charité de consumer cette âme et, par suite, de pénétrer les pensées, les désirs, les paroles, les actions qui en sortaient : autant vouloir éteindre la torche ardente et brillante que promène sur le monde le Sauveur des hommes !

Le cœur des saints, comme celui du Christ, est un mystérieux abîme de bonté, de bienveillance et de miséricorde. Lorsqu'on veut le sonder, le vertige s'empare des sens et de la raison ; il ne reste plus qu'une ressource qui est de s'écrier avec l'apôtre : « l'enseignement de la Croix est folie pour les sages de ce monde, mais pour nous, qui sommes dans la voie du salut, c'est la sagesse de Dieu ! »

Ce tempérament spirituel attirait à Mère Marie des Anges la confiance absolue de ses filles dont les moins ferventes même voyaient en elle une Mère plutôt qu'une Supérieure.

« Elle n'avait pas de chez elle, dit encore le témoin de sa vie intime, on entrait dans sa cellule à toute heure. Dans les derniers temps, elle en souffrait : « On ne me laisse même pas le temps de faire mes prières, disait-elle ; heureusement, j'ai mes nuits... »

Les Supérieures secondaires la consultaient dans chacune de leurs difficultés ; elle leur répondait elle-même ou faisait écrire par ses secrétaires. Il en était ainsi pour les simples religieuses des autres maisons. Bien souvent ce n'était qu'un pauvre petit billet, mais si rempli de clairvoyance et d'affection, qu'on le lisait avec un religieux respect et qu'on le gardait comme une relique !

Elle savait écouter ses filles et répondait d'un mot qui projetait une vive lumière sur l'état d'âme ou une situation. Quand une religieuse s'aventurait sur le terrain réservé au confessionnal, Mère Marie des Anges modérait la confidence ; elle l'arrêtait lorsqu'il s'agissait de choses. relevant exclusivement du for de la conscience.

La confiance des religieuses en ses lumières tout imprégnées de la charité, était si grande, que certaines, à notre connaissance, n'eussent pas hésité à se confesser à elle !

Tous les prêtres, qui ont reçu ses confidences intimes, ont avoué la fermeté et la justesse de son jugement, ses aptitudes au gouvernement des âmes, son habileté d'administrateur, son esprit de foi, la solidité de sa piété et l'ardeur de sa dévotion au Sacré-Cœur de Jésus. Plusieurs l'ont consultée ; l'un d'entre eux, bien placé pour juger de la valeur de sa direction, rendait ce témoignage : « On lui demandait conseil comme à un confesseur. »

Cette esquisse du tempérament spirituel de Mère Marie des Anges nous permet de reconnaître et de mieux saisir les principes de sa direction particulière.

Elle s'est toujours appliquée au discernement des esprits, des caractères pour dire ou écrire à chacune ce qui lui convenait. Se trouvait-elle en face d'une âme timorée, elle lui présentait la toute-puissante miséricorde de Dieu.

« Il ne faut pas avoir peur de notre faiblesse puisque la main toute-puissante de notre bon Maître est toujours là pour nous soutenir. »

« N'oubliez jamais, ma chère enfant, les infinies miséricordes de votre divin Epoux, ni les promesses que vous lui avez faites au jour béni de vos vœux perpétuels. Soyez-lui une épouse fidèle et que sa divine protection vous rende forte pour triompher désormais de tout ce qui pourrait vous séparer de son amour...

« Les âmes généreuses peuvent se reposer sur le Cœur de Jésus, avec confiance. Soyez une de ces âmes, ma chère enfant, vous rappelant que Notre-Seigneur se sert, pour nous, de la mesure dont nous nous servons pour lui. Si nous Lui donnons tout, il nous donnera sans mesure. Ainsi doit faire une Dominicaine, surtout une Dominicaine du Sacré-Cœur...

« Dans la Croix se trouve la source du courage

chrétien, le plus puissant appui de l'âme religieuse. C'est au pied de la Croix que la sainteté germe, grandit et fructifie dans les âmes qui aiment Notre-Seigneur. »

« Que la paix soit avec vous, — écrivait-elle à une Sœur qui souffrait de quitter la France au jour des expulsions, — mes pauvres prières vous suivent autant que mon affection maternelle. Pourquoi ne pas asseoir votre chère âme dans le Cœur de Jésus avec confiance et abandon pour le présent et pour l'avenir ? Songez donc que le sacrifice qui nous est demandé est le plus beau témoignage d'amour que nous pouvons offrir au divin Maître. N'en ternissez pas la beauté par tous ces calculs humains. A chaque jour suffit sa peine ; chaque jour reçoit des grâces de force et de protection ; il y en aura de plus spéciales au dernier moment... »

Aux âmes qu'il fallait détacher des créatures et d'elles-mêmes, Mère Marie des Anges montrait la volonté de Dieu, l'absolu de l'obéissance, le silence comme moyen d'union à Dieu ; l'humiliation, la générosité, l'esprit de foi dans les rapports avec les Supérieures et les autres créatures.

« Cherchez toujours à conformer votre volonté à celle de Dieu. Vouloir tout ce que Dieu veut et le vouloir par amour. Examinez chaque jour, par un simple coup d'œil, où vous en êtes de cette acceptation, de cette union.

« Il faut que vous vous laissiez, que vous vous effaciez... renoncement à outrance : les demi-mesures ne vous ont jamais réussi.

« Soyez silencieuse pour être unie à Dieu ; dans l'union à Dieu est le secret de bien des victoires.

« Si la journée a été mauvaise, humiliez-vous en le soir, sans découragement, et promettez pour trois fautes, trente actes de vertu.

« La générosité ! Qu'est-ce que ce moi ? Pourquoi toujours calculer, examiner ? Dieu a tout donné, Il a versé son sang, Il a souffert toutes les tortures, et vous ?... Que n'ont pas fait les saints ?... Il faut donner à Dieu dans la mesure qu'Il nous donne ;... chaque grâce demande la reconnaissance, l'amour manifesté par un acte de vertu...

« Allez à vos Supérieures en esprit de foi. Si vous sentez l'impossibilité d'ouvrir votre âme, dites-le simplement et demandez les conseils que Dieu inspire à celles qui ont charge d'âmes. Recevez ces conseils, ces réprimandes avec humilité ; acceptez-les quand bien même vous croiriez que votre Supérieure se trompe et soyez dans la ferme intention d'en tenir compte. Remerciez le bon Dieu des lumières accordées, même si vous n'y croyez pas trouver des lumières.

« Une Dominicaine du Sacré-Cœur ne devrait toucher la terre que du bout des pieds et se tenir au-dessus de tout ce qui fait l'occupation des autres. Dieu seul ! et non pas le misérable moi !

« Dites, chaque soir, avant de prendre votre repos, cette prière :

« O mon Dieu, s'il vous plaît de m'appeler à vous cette nuit, que votre sainte volonté soit faite, mais accordez-moi un jugement favorable. Je remets mon âme, teinte de votre précieux sang, entre vos divines mains. Recevez-la, mon Dieu, avec le même amour par lequel vous l'avez rachetée. »

Une religieuse a écrit dans ses notes :
« Pendant les dix premières années que j'étais au couvent, la veille de Noël nous portions notre soulier chez notre Mère. Elle aimait à le remplir de petits riens : fournitures de mercerie, bonbons. Mais ce que nous aimions par-dessus tout, c'était la petite lettre de l'Enfant-Jésus, écrite avec le cœur de notre Mère. »

En voici quelques-unes :
« Aux petites postulantes, le divin Enfant-Jésus apporte des douceurs de tous genres, mais Il ne leur ménage pas les amertumes. C'est par là surtout qu'Il développe les forces de l'âme. Laissez faire ce divin Maître ; abandonnez-vous à sa conduite manifestée par l'organe des Supérieurs. Laissez-vous manier, former et réformer afin que, quand sonnera l'heure de votre alliance avec ce divin Maître, Il vous trouve dignes de Lui et capables d'honorer votre titre d'Epouses de son Cœur. »

A une novice de probation :
« Ma chère enfant, je viens à vous avec tout mon amour, vous inviter à vous préparer sérieusement, constamment, généreusement à contracter votre alliance avec moi. Sachez que je suis un Epoux de sang : je choisis mes épouses sur le Calvaire. Il faut donc, chère enfant, qu'en me regardant sur la Croix,

vous puissiez dire : c'est ainsi que Jésus m'a aimée et c'est ainsi que je l'aimerai. Mais venez d'abord à la Crèche ; là, je vous montrerai aussi comme je vous aime et comme je veux être aimé. »

Encore à une novice :

« Ma chère enfant, écoute bien la voix de ton divin Jésus ; Il t'appelle à la Crèche pour encourager tes premiers pas dans les sentiers ardus de la perfection religieuse et cueillir les quelques petites fleurs de vertus que tu désires lui offrir. Malheureusement, le parfum n'en est pas exquis. Il ne les dédaignera pas si tu les lui offres avec humilité, les accompagnant du désir sincère de travailler désormais avec une générosité parfaite, sans trop t'étonner des chutes et rechutes involontaires qui échapperont à ta faiblesse. Ce que tu dois lui promettre avant tout, c'est l'obéissance aveugle aux moindres désirs de tes Supérieures, par esprit de foi, et de travailler, avec le secours de sa grâce, à surnaturaliser tes pensées, tes affections, tes désirs... »

Voici ce que l'Enfant-Jésus disait à des professes de tout âge et de toute situation :

« Ma bien chère enfant, dans mon anéantissement, je cache la majesté de ma puissance, de ma gloire : j'y révèle mon amour, ma tendresse infinie pour les âmes, pour la tienne surtout. A ma crèche, rien n'inspire la crainte ; tout parle de ma charité, de ma miséricorde. Viens donc à moi, ma fille, avec confiance, simplicité, abandon filial. Pas d'étroitesse ni de pusillanimité. Je suis ton Epoux, ton meilleur ami. Si tu m'envisageais autrement, tu blesserais mon divin Cœur ; ton office est de me consoler, de proclamer ma bonté, ma clémence ! »

« Ma chère enfant, ma pauvre et faible épouse, plus faible et plus fragile que le plus faible roseau !

« Que sont devenues les belles promesses du jour de ta profession ? Tu ne les as pas oubliées ; ton désir est de les garder ; mais avec quel peu d'amour, de constance, de générosité, tu me sers ! Je suis pourtant un Dieu jaloux qui ne supporte ni partage, ni rivalité dans tes affections. Tu m'as donné ton cœur, je dois donc en être le seul, l'unique possesseur. N'oublie pas cela, ma fille. Les leçons que je te donne à la Crèche sont assez éloquentes pour réveiller ta ferveur et mettre un terme à tes alternatives de ferveur et de lâcheté, de bons désirs et d'inconstance dans tes résolutions. J'ai le droit de tout te demander, et ton bonheur doit être de ne rien me refuser. *Amen !* »

« Chère enfant, je suis le Dieux de paix et je ne réside jamais là où est le trouble, l'agitation. Ma voix divine ne parle que le langage de la charité, de la miséricorde... Ferme l'oreille au père du mensonge, méprise les raisonnements absurdes qu'il te fait. Sois obéissante, sois simple et confiante ; ma grâce te suffit et mon cœur te protège ; à son ombre, tu ne saurais périr. Viens à ma crèche déposer tes misères et entre d'un pas ferme dans la voie de mon amour. »

« Ma chère enfant, où en es-tu de la fidélité à ma grâce, à mon amour ? Si cette question t'étonne, elle ne doit point te troubler. Je te l'adresse pour stimuler ton courage, te pousser à la générosité. Oui, ma fille, sois généreuse, ne crains pas pour cela de marcher sur ton cœur, d'écraser la pauvre nature. Tous les saints ont souffert pour triompher d'eux-mêmes et c'est ainsi qu'ils m'ont rendu amour pour amour.

« Courage donc, chère âme ! Mon cœur sera ta force, ton soutien, ta récompense. Je veux que tu arrives à la sainteté à laquelle sont appelées les vraies Dominicaines du Sacré-Cœur. »

« Simplicité et rondeur dans sa direction », nous écrivait une religieuse qui, elle aussi, l'avait approchée. « Avec le bon Dieu, allez-y tout bonnement, comme un petit âne quand il trotte », me dit-elle bien souvent. Et je puis résumer ainsi sa direction : tirer de toutes choses le profit que Dieu y a préparé pour notre âme. Ce profit, elle savait si bien aider à le découvrir... »

Avec les religieuses en charge, elle était maternelle et très ferme. Celles-là n'ont-elles pas besoin qu'on les éclaire plus vivement et qu'on soutienne leurs efforts !

Mère Marie des Anges exigeait que les Supérieures lui rendissent exactement compte de leur administration et de leur état. C'était nécessaire, surtout à l'origine des œuvres où bien des difficultés s'élevèrent qui, parfois, semblaient insurmontables. Après mûre réflexion, beaucoup de prières, Mère Marie des Anges résolvait les difficultés, toujours à la satisfaction des intéressées. Si elle avait à prendre des mesures de rigueur, à faire des réprimandes, on sentait si bien, sous la lettre, le cœur qui souffrait, la bonté, la bienveillance, qu'on aurait pu dire d'elle comme de saint François de Sales : « Elle savait refuser avec tant de grâce que ses refus charmaient autant que ses bienfaits. »

Au sujet d'une religieuse mal disposée, elle écrit à une Prieure : « Je vous avoue, ma fille, que je ne partage pas du tout votre décision peu maternelle, de la briser, de la mâter. Ce n'est pas ainsi que le bon Pasteur ramène les brebis qui s'égarent. Où en serions-nous, vous et moi, mon enfant, si la bonté divine nous avait brisées, mâtées toutes les fois que nous avons résisté à la grâce ! Ayez plutôt pitié de cette pauvre enfant, donnez-lui de la patience. Nourrissez-la des pensées de la foi ; parlez-lui des beautés de la vertu, de la malice du diable, de la nécessité de résister aux tentations, du grand malheur que ce serait pour elle de perdre sa vocation, d'être parjure à ses engagements sacrés. Puis, un peu de fermeté maternelle ; ne resserrez pas son cœur, il a sûrement plutôt besoin d'être dilaté... »

Une vertu qu'elle cherche aussi à cultiver dans les Supérieures, c'est la prudence unie à la bonté.

« Soyez prudente et bonne sans faiblesse. Que tous sentent en vous la religieuse selon le Cœur de Dieu, animée de sentiments pleins de charité, de justice, d'équité, qui fait son devoir consciencieusement, sans s'inquiéter des agissements iniques qui se font autour d'elle... »

Et pour que ses conseils, à elle, soient marqués au coin de cette prudence si nécessaire au gouvernement des âmes et dans les affaires, elle exige parfois qu'on la tienne au courant de tout ce qui se passe dans les couvents de la Congrégation.

A une Prieure que les soucis d'argent agitaient un peu, elle conseille :

« Allez donc porter vos notes à Notre-Seigneur ; qu'elles touchent le Tabernacle, et dites : — Bon Maître, faites honneur à vos affaires, s'il vous plaît ! — Dites cela avec beaucoup de foi et de confiance ! »

Cet abandon à la Providence qu'elle a si bien pratiqué elle-même, Mère Marie des Anges le recommandait à tout propos : dans les embarras matériels comme dans les crises morales.

« Au nom du Cœur de Jésus, je vous invite, ma fille, à avoir bon courage, à mettre votre chère âme dans la disposition d'un parfait abandon ; à prendre l'habitude de recevoir les épreuves, les difficultés, les déceptions, les inconstances humaines, les encouragements, les consolations, vos propres misères et imperfections, votre état de santé... comme moyens de vous élever au-dessus de la terre, de vous attacher de plus en plus à Dieu ; — comme des échelons qu'il faut gravir avec amour, esprit de foi et grande générosité pour atteindre les degrés de perfection auxquels vous êtes appelée. Vous ferez cela simplement, sans rien négliger des devoirs de votre charge : l'édification, la charité, l'observance de la règle... »

Voici les conseils qu'elle donnait à une Supérieure qui faisait sa retraite annuelle :

« Vous voilà bien enfoncée dans votre retraite. J'espère que vous la faites dans le calme, la paix, la lumière de l'Esprit-Saint, l'onction de la grâce, la générosité et le parfait abandon. C'est tout ce que mon âme demande pour la vôtre, ma chère enfant. J'envie votre bonheur ; il me serait si doux de m'accorder quelques jours de parfait recueillement. Mais je ne le puis et je ne m'en plains pas, puisque telle est la nécessité de ma charge et de ma situation : je vois cela en la volonté de Dieu et j'attends le moment où il me sera permis, comme à vous, de m'isoler pour être toute à Dieu et à ma pauvre âme.

« Il me semble vous voir, ma fille, jouir de votre bonheur et cherchant à connaître ce que le divin Maître demande de vous, ce qu'il veut arracher de votre âme, ce qu'il veut y planter, ce qu'il veut y cueillir. Ecoutez bien la voix de son amour et dites-lui que tout ce qu'Il veut ou voudra, vous le voulez.

« Demandez-lui aussi de vous donner ce qui vous manque pour les besoins administratifs du couvent, et surtout pour aider les âmes dont vous êtes la mère, à marcher dans la voie de la perfection, de mettre toujours sur vos lèvres ce que vous devez dire, au bout de votre plume, ce que vous devez écrire... et en général, ou pour chaque personne en particulier, la sagesse, la prudence, la charité pure et désintéressée pour tous et pour toutes, la pénétration des esprits et des cœurs dans la mesure convenable pour le bien des âmes.

« Humiliez-vous profondément de vos misères personnelles et aussi de celles des autres dont une Supérieure peut être la cause involontaire. Tenez-vous
bien petite, bien humble, bien incapable dans votre
propre estime...

« Renouvelez-vous surtout dans la pratique des exercices de la vie intérieure : oraison, présence de Dieu,
examen particulier, réception des sacrements, générosité dans les luttes...

« Voilà, ma fille, quelques conseils maternels ; ils
ne valent pas ceux que vous recevez au confessionnal
ou que vous voyez dans les livres de retraite. Je crois
que vous en avez de très bons... »

Voulons-nous savoir comment Mère Marie des
Anges entendait la pratique de la vie régulière, au
milieu des œuvres les plus absorbantes ; lisons cette
lettre écrite aux religieuses d'un couvent :

« Appliquez-vous plus que jamais à alimenter vos
âmes par l'exacte observance des exercices réguliers :
l'Oraison bien faite, le saint Office récité pieusement,
sans précipitation, avec attention, observant le cérémonial et tout ce que prescrivent nos Constitutions
et notre Coutumier.

« Vivez dans l'union à Dieu, le silence de parole et
d'action, animant tous vos actes de l'esprit de foi, de
la pureté d'intention. Plus vous êtes prises par les
occupations extérieures, plus aussi vous avez besoin
d'être revêtues de la force d'En-Haut. Allez donc tous
les jours vous réconforter aux vraies sources, entre
autres, l'Eucharistie.

« Attachez-vous à l'obéissance de telle sorte que vous puissiez chanter ses louanges tous les jours. Voyez Dieu dans votre Mère Prieure et votre Mère sous-Prieure ; obéissez-leur simplement, religieusement, filialement, sans jamais discuter ni examiner, ni surtout critiquer ou juger leurs ordres. Prévenez leurs désirs, allégez leur fardeau, ne murmurez jamais contre elles ; honorez-les, au contraire, par respect pour Dieu qu'elles représentent, et nullement pour des motifs humains, indignes de toute âme consacrée à Dieu.

« Rivalisez de zèle pour faire régner entre vous la paix, l'union la plus parfaite, telle que nous l'a recommandée le divin Maître quand il nous a dit la veille de sa mort : « Aimez-vous les uns les autres comme je vous ai aimés. » Portez les fardeaux les unes des autres et vous accomplirez la loi de Jésus-Christ.

« Ne jugez point et vous ne serez pas jugées ; ne condamnez point et vous ne serez pas condamnées. Quand il vous arrivera de faire la moindre peine, soyez promptes à demander pardon et à pardonner sincèrement.

« Soyez, chacune, sévères pour vous-mêmes et indulgentes pour les autres. Au chapitre, soyez humbles dans l'accusation de vos fautes et pleines de charité pour celles des autres. Quand vous avez à faire une proclamation, ne la faites qui si vous sentez votre cœur dégagé de toute passion, de toute aigreur et si vous êtes convaincues qu'elle sera bien reçue et produira des fruits salutaires. Si vous pouvez supposer le contraire, il faudrait vous taire, prier pour la Sœur, et, au besoin, demander conseil à votre Mère Prieure. Le chapitre est un de nos plus salutaires exercices quand l'Esprit-Saint y préside ; mais si l'esprit humain y pénètre, il peut changer le bien en mal...

« Auprès des enfants, allez toujours avec l'esprit apostolique, l'esprit de zèle, de charité, d'abnégation de vous-mêmes. Cet esprit animait le divin Maître quand Il était sur la terre, Lui qui aimait tant les petits enfants, et surtout ceux que l'infirmité physique ou morale rendait plus intéressants, plus dignes de compassion. Vos petits sourds-muets sont de ceux-là. Je suis sûre que le bon Jésus contemple avec complaisance ses Dominicaines de Bouge quand Il les voit animées d'une tendre et miséricordieuse charité pour leurs élèves. Il vous bénit alors, d'une bénédiction spécialement sanctifiante ; il compte et pèse vos actes de bonté maternelle, de patience, de charité, de possession de vous-mêmes, de dignité religieuse. Multipliez-les, ces beaux actes pour réjouir le Cœur de Jésus et procurer un peu de bonheur à ces chers enfants... »

L'esprit de cette vie régulière, de cet apostolat, se trouve exposé dans une autre lettre aux mêmes religieuses :

« J'ai conjuré le Cœur adorable de Jésus, de se glorifier en vous et par vous dans la plus large mesure ; de régner sur vous par la force et la suavité de son amour ; d'accroître en vos âmes l'esprit de foi, la vie surnaturelle, le détachement de vous-mêmes et des choses d'ici-bas ; d'épurer votre zèle de telle sorte qu'aucune vue humaine ne vienne entacher, ni amoindrir à ses yeux, votre dévouement auprès des enfants, ni vos travaux, ni vos fatigues, ni votre obéissance, ni vos efforts dans la lutte contre vos passions, ni aucun de vos sacrifices, de vos actes de vertu.

« Mais il est une chose que je demande par-dessus tout pour vous, mes enfants, c'est la charité fraternelle, la paix, l'union entre vous. La charité est le premier commandement de Dieu ; elle doit aussi être la marque à laquelle on reconnaît toute Dominicaine du Sacré-Cœur. Elle doit être notre vertu dominante. Pour la faire fleurir parmi nous, lui donner son plus doux parfum, son plus vif éclat, aucun sacrifice ne doit nous paraître trop dur.

« Demandons-la à Dieu, les unes pour les autres, et armons-nous d'un saint zèle pour écarter de notre conduite tout ce qui pourrait tant soit peu l'altérer. Quand la charité règne, le nombre des fautes est notablement diminué. Alors aussi les progrès dans la vertu sont plus rapides, tout va mieux ; le bonheur et la paix sont les fruits.

« Je vous la souhaite de toute mon âme, mes enfants, et, à l'exemple de saint Jean l'Evangéliste, le disciple de la charité de Jésus, je ne veux pas me lasser de vous dire : « Mes enfants, aimez-vous les unes les autres, portez le fardeau les unes des autres. »

Ces extraits de la correspondance de Mère Marie des Anges nous livrent sa pensée intime sur la vie chrétienne et religieuse, sur l'apostolat. Elle n'abandonne jamais, pour elle comme pour les autres, le terrain solide de la vie chrétienne ; elle pénètre et expose les détails de cette vie dont l'Evangile est le code et l'inspiration.

Ainsi Mère Marie des Anges conçoit comme base de la vie religieuse, l'humilité, le détachement de soi : « Qui veut être mon disciple, qu'il se renonce à lui-même et à ses convoitises, prenne sa croix et me suive. »

La considération de nos faiblesses et de nos misères nourrit l'humilité mais pourrait nous effrayer, arrêter notre élan vers Dieu et notre action apostolique. Mère Marie des Anges, à la suite de sainte Catherine de Sienne, recommande à ses filles d'examiner leurs faiblesses sous le regard de Dieu qui rassure et raffermit. Elle leur présente hardiment la Croix du Sauveur pour la porter avec amour ; le Sacré-Cœur de Jésus, comme un asile où doivent se réfugier, contre le mal et le tentateur, toute leur vie, toutes leurs pensées et volontés ; l'Eucharistie comme le rendez-vous quotidien où elles puiseront, à longs traits, avec la vie divine, l'amour de Dieu et la charité fraternelle.

La charité pénètre de ses feux les exercices de la vie régulière, les rapports des Sœurs entre elles, leurs rapports avec leurs élèves et le monde ; elle consume tout ce qui pourrait sy rencontrer d'exclusivement humain et de trop naturel.

Dégagée de la terre et des créatures, les puissances libres, la Religieuse dominicaine du Sacré-Cœur marchera dans une voie large, sous les chauds rayons du soleil de justice, la joie au cœur et la donnant à profusion.

La Maîtresse des novices s'efforcera d'habituer ses novices à cet idéal de vie chrétienne et religieuse ; la Prieure conventuelle le fera vivre dans son couvent. Douceur et fermeté, prudence, abandon à la divine Providence, bon exemple, seront les principaux moyens d'action des Supérieures.

Le but à poursuivre, c'est le règne de Dieu dans les âmes et sur le monde, sous la forme particulière que Mère Marie des Anges préconisait avec tant de zèle et d'amour : la dévotion au Sacré-Cœur. Elle désirait vivement que ce divin Cœur prit possession du cœur humain pour le sanctifier jusque dans ses profondeurs, suivant ce mot si juste du Père Lacordaire : « Le Cœur de Dieu, s'épanouissant dans le cœur de l'homme, produit la sainteté. »

En mai de l'année 1901, M. le Curé de Saint-Henri à Woluwe-Saint-Lambert (Etterbeek-Bruxelles) demandait à Mère Marie des Anges de prendre la direction des œuvres de sa paroisse. Après une enquête favorable à l'adoption du projet et sur l'autorisation expresse de l'Archevêque de Malines et de l'Evêque d'Arras, sur le vote du conseil de la Congrégation émis le 26 octobre 1901, Mère Marie des Anges entreprit cette fondation.

On acquit un terrain, avenue de Tervueren, et l'on occupa deux maisons bâties sur ce terrain, en attendant qu'il fut possible d'ériger un couvent. Deux religieuses de chœur et deux sœurs converses commencèrent la fondation.

Après trois ans d'un dévouement intelligent et apprécié, sur le désir manifesté par le Cardinal Goossens, les Sœurs ouvrirent un externat pour les enfants de la petite bourgeoisie, le 9 janvier 1905. Cette œuvre eût pu, avec le temps, prendre un sérieux développement, permettre aux Sœurs, qui s'étaient acquis la sympathie du clergé et des parents de leurs élèves, de faire à Bruxelles beaucoup de bien. Mais « le manque de sujets et de ressources, la concurrence scolaire impossible à soutenir, vu l'établissement de deux grands Pensionnats à proximité du couvent », amenèrent fatalement la suppression de cette œuvre en août 1907 (1).

En acceptant les propositions qui lui vinrent de Bruxelles, Mère Marie des Anges pensait à abriter ses filles, à leur procurer un moyen de gagner leur vie par l'apostolat, pendant la crise religieuse qui commençait de sévir en France.

---

(1) Registre des délibérations ordinaires du Conseil, p. 114-116 ; 140-141 ; 166-167.

CHAPITRE VIII

La loi de 1901. — Les élections législatives et le vote de 1902. — Fondation de Casteau. — Mort de Sœur Catherine du Sacré-Cœur Vrambout.

1901-1906

La loi du 1ᵉʳ juillet 1901, après avoir admis en principe la liberté des associations, plaçait les Congrégations religieuses sous un régime d'exception et de servitude. En effet, à l'article 2 (titre Iᵉʳ), on lit :

« Les associations de personnes pourront se former librement sans autorisation ni déclaration préalable... » — et à l'article 13 (titre III) : « aucune Congrégation religieuse ne peut se former sans une autorisation donnée par une loi qui déterminera les conditions de son fonctionnement. » Tandis qu'il suffira, pour dissoudre la même Congrégation, d'un décret rendu au Conseil des Ministres. « Tout membre appartenant à une Congrégation non autorisée, est exclu de l'enseignement, de quelque ordre qu'il soit » (art. 14). C'est enfin le contrôle exercé sur l'administration financière et le personnel des Congrégations (art. 15).

A la suite de la loi du 1ᵉʳ juillet 1901 sur le contrat d'association, l'*Officiel* publiait un arrêté ministériel, entaché d'excès de pouvoir, sur l'instruction des demandes d'autorisation adressées par les Congrégations au Gouvernement. A cette demande on devait joindre deux exemplaires des statuts de la Congrégation ; un état de ses biens meubles et immeubles, ainsi que des ressources consacrées à la fondation ou à l'entretien de ses établissements ; un état de tous les membres de la Congrégation. Les statuts devaient faire connaître notamment l'objet assigné à la Congrégation ou à ses établissements, son siège principal, celui de ses établissements, les noms de ses administrateurs ou directeurs.

Dans une lettre adressée aux Supérieurs généraux des Ordres et Instituts religieux, Léon XIII stigmatisa, comme elle le méritait, cette loi sectaire. Par tous les moyens, il avait essayé de détourner de nous une persécution si indigne.

« Nous réprouvons hautement de telles lois, disait-il, parce qu'elles sont contraires au droit naturel et évangélique, confirmé par une tradition constante, de s'associer pour mener un genre de vie, non seulement honnête en lui-même, mais particulièrement saint ; contraires également au droit absolu que l'Eglise a de fonder des Instituts religieux exclusivement soumis à son autorité, pour l'aider dans l'accomplissement de sa mission divine... La véritable raison de vous poursuivre, c'est la haine capitale du monde contre la « Cité de Dieu » qui est l'Eglise catholique. La véritable intention, c'est de chasser, si c'est possible, de la société, l'action restauratrice du Christ, si universellement bienfaisante et salutaire. Personne n'ignore que les Religieux de l'un et l'autre sexe forment une élite dans la cité de Dieu ; que ce sont eux qui représentent particulièrement l'esprit de la mortification de Jésus-Christ : eux qui, par l'observation des conseils évangéliques, tendent à porter les vertus chrétiennes au comble de la perfection ; eux qui, de bien des manières, secondent puissamment l'action de l'Eglise. Dès lors, il n'est pas étonnant qu'aujourd'hui, comme dans d'autres temps, sous d'autres formes iniques, la cité du monde s'insurge contre eux, surtout les hommes qui, par des actes sacrilèges, sont plus étroitement liés au prince du monde lui-même.

« Il est clair qu'ils considèrent la dissolution et l'extinction des Ordres religieux comme une manœuvre habile pour réaliser leur dessein préconçu de pousser les nations catholiques dans la voie de l'apostasie et de la rupture avec Jésus-Christ.

« ... Tous ceux qui s'intéressent vraiment à la paix et à la prospérité du pays, estiment qu'il n'y a pas de citoyens plus honnêtes, plus dévoués et plus utiles à leur patrie que les membres des Congrégations religieuses; et ils tremblent à la pensée de perdre en vous perdant, tant de biens précieux qui tiennent à votre existence.

« C'est une multitude d'indigents, de délaissés, de malheureux au profit desquels vous avez fondé et vous soutenez toutes sortes d'établissements avec une intelligence et une charité admirables. Ce sont les pères de famille qui vous ont confié leurs enfants et qui, jusqu'à présent, comptaient sur vous pour leur donner l'éducation morale et religieuse, cette éducation saine, vigoureuse et féconde en fortes vertus qui ne fut jamais plus nécessaire qu'à notre époque... »

On ne pouvait exposer plus clairement le but des sectaires dans la préparation et le vote de la loi de 1901, ni mettre en plus vigoureux relief les bienfaits nombreux dont ils privaient la société française, en forçant, pour ainsi dire, les religieux à s'exiler. Car c'était réellement leur intention. Waldeck-Rousseau, a-t-on dit, a voulu donner aux religieux un statut légal. Pourquoi, dès lors, laisser à d'autres plus aveugles et plus sectaires que lui, le soin d'appliquer la loi néfaste ?

Au surplus, était-on de bonne foi, quand on a forcé les Congrégations à demander l'autorisation sous peine de se voir dissoudre de plein droit ? Les données à fournir, l'incertitude sur les chances de l'obtenir créaient aux Congrégations une situation injuste et absolument odieuse. Un jurisconsulte éminent écrivait à cette époque :

« Le Gouvernement dit aux Congrégations qui, pour continuer en France leur vie de dévouement, sont disposées à demander l'autorisation : « Donnez-nous vos statuts, faites-nous connaître tous vos biens meubles et immeubles, indiquez-nous minutieusement tous les membres de votre Congrégation.

« Mais qu'arrivera-t-il si l'autorisation est refusée ? La Congrégation sera dissoute de plein droit par le seul fait du refus de l'autorisation, les biens qu'elle détiendra seront soumis à une liquidation judiciaire susceptible de devenir spoliatrice ; les membres de la Congrégation, dont la qualité aura été constatée, seront très particulièrement exposés à la perte du droit d'enseigner, à l'amende et à la prison. Il y a ainsi une sorte de piège tendu aux Congrégations, lorsqu'on les invite à demander l'autorisation légale dans le cas où elles ne sont pas certaines de l'obtenir...

« La guerre faite à l'heure actuelle aux Congréga tions n'est pas loyale... »

Les faits n'ont que trop donné raison à ces prévisions : refus en bloc des autorisations demandées, mainmise par le séquestre sur les biens des Congrégations, dispersion des membres, liquidation éhontée de ces mêmes biens : tout cela donnait raison à ceux qui, en 1901, déconseillaient la demande d'autorisation. Mais alors, on s'obstine à croire en la bonne foi des apôtres de la sécularisation de l'Eglise de France. Et puis, Rome, interrogée, permit de faire cette demande à condition qu'on respectât et le texte des Constitutions approuvées par l'Eglise, et la juridiction directe du Souverain Pontife sur les Instituts approuvés à Rome.

En outre, si les Congrégations, en bloc, s'étaient refusées à demander l'autorisation, alors que l'on n'avait aucune certitude sur le refus des Chambres, ne les eût-on pas accusées de lâcher pied, et même de connivence ? Il fallait tout essayer pour garder le terrain si péniblement acquis, et l'on resta. Si cette conduite manqua de vue et de prudence suivant les uns, d'autres, et en plus grand nombre, la jugèrent d'un grand dévouement et d'une charité à toute épreuve.

C'est ce que pensa Mère Marie des Anges. Elle prit conseil de Dieu et des hommes et sollicita l'autorisation. Elle pria et fit beaucoup prier ses filles pour la Congrégation et ses œuvres. Parmi celles-ci, elle aimait particulièrement le couvent de Calais et son Pensionnat. Le 18 mai 1902, elle écrivait à ses filles de Calais :

« Je vous souhaite à toutes et à chacune une sainte et fructueuse fête de la Pentecôte. Je demande à l'Esprit-Saint de descendre sur vous avec tous ses dons, tous ses fruits, avec les grâces particulières nécessaires à chacune de vous ; de pénétrer, de remplir vos cœurs de sa lumière, de vous rendre parfaitement dociles à ses inspirations, d'opérer en vous le renouvellement parfait de tout ce qui a besoin d'être renouvelé, de guérir ce qui est malade, de fortifier ce qui est faible, de réchauffer ce qui est tiède, de vous animer toutes de la vive flamme de sa charité ; d'épurer, d'élargir votre zèle, de le rendre fécond ; de garder le cher couvent de Calais, de ne permettre à aucun vouloir humain ou diabolique de vous nuire en rien.

« Que cette fête de la Pentecôte vous trouve joyeuses, bien unies, bien portantes, corps et âme. Ne craignez rien, mes enfants, Dieu est avec nous, il nous garde malgré l'orage qui gronde, surtout si nous sommes vraiment religieuses.

« Demain, nous ne ferons qu'un cœur et qu'une âme dans nos prières pour l'Eglise, la France et notre chère Congrégation. Je voudrais que, dans chacune de nos maisons, sous le souffle de l'Esprit-Saint, il y' ait un renouvellement de ferveur, un accroissement de charité, d'esprit de foi, d'obéissance... »

Des élections devaient avoir lieu en 1902, pour le renouvellement de la Chambre. Si elles étaient bonnes, les Congrégations, qui avaient demandé l'autorisation, pouvaient espérer demeurer en France. Aussi, que de prières furent dites à cette intention ! Que de sacrifices accomplis ! Alors vraiment, Hardinghen fut la montagne sainte sur le sommet de laquelle on supplia Dieu les bras en croix ; jeûne au pain et à l'eau, heure sainte, chemin de croix, prière solennelle pour la France ; rien ne fut omis pour fléchir le Cœur de Jésus... Mais ces prières et ces sacrifices devaient servir pour l'exil, car les élections furent mauvaises... Après un voyage en Russie où il avait accompagné le Président de la République, Waldeck-Rousseau démissionnait et sa retraite entraînait celle du Cabinet. Ses successeurs, armés par lui contre les moines, soutenus par une Chambre sectaire, allaient accomplir librement l'œuvre du prince des ténèbres.

Les Conseils municipaux, interrogés par le Gouvernement sur l'utilité des couvents, avaient, en grand nombre, montré une faiblesse étonnante, étant donné les services rendus, au point de vue matériel et moral, par la présence des religieux.

L'angoisse étreignait les cœurs, on ne pouvait presque plus se faire illusion... Mère Marie des Anges partageait ces angoisses et cependant, elle sut s'élever et élever ses filles. Elle écrivait encore, la veille de la Toussaint, aux Sœurs de Calais :

« La consolante fête de la Toussaint m'amène près de vous ; j'y viens avec tout mon cœur, toute mon âme, regrettant de ne pouvoir faire le voyage de Calais pour vous voir toutes intimement, vous redire ma maternelle affection, mon dévouement absolu, mon vif désir de faire tout ce qui dépend et dépendra de moi pour vous aider à supporter religieusement les épreuves qui vous attendent et vous donner le moyen de persévérer dans votre sainte vocation. De cela, je m'occupe depuis longtemps et j'espère, avec l'aide de Dieu, trouver un refuge pour toutes.

« Aidez-moi aussi de vos prières, mes enfants. Puis-je vous demander à toutes, une grande fidélité dans l'observation de la Règle, la pratique du renoncement, la soumission parfaite à la sainte volonté de Dieu, l'abandon filial à la Providence. Les secours puissants que réclament nos besoins nous seront accordés dans la mesure des efforts que nous aurons faits pour les mériter.

« En ces moments de douloureuses angoisses qui étreignent nos âmes, cherchons notre réconfort auprès du divin Maître ; écoutons avec amour et respect les encouragements qu'Il nous donne dans l'Evangile de la Toussaint : les Béatitudes. Il y a là de puissants encouragements. La persécution est dure à supporter, mais la récompense promise aux persécutés est belle, elle sera éternelle.

« Courage donc, mes enfants ; oui, courage et confiance quoi qu'il arrive. Et, s'il faut boire le calice jusqu'à la lie, s'il nous faut quitter nos demeures bénies, nos œuvres si chères, les enfants que nous aimons tant, subir le dépouillement de tout, quitter même la France, aller en pays étranger, y vivre de la pauvreté pure, y travailler comme nous le pourrons pour gagner notre vie, et conserver notre vie religieuse, nous le ferons de tout cœur pour l'amour du bon Dieu, pour le salut de la France, pour le bien des âmes de nos enfants.

« Voilà, mes enfants, ce que vous demande mon affection de mère en Dieu. Que mes paroles n'augmentent point votre tristesse. Oh ! non, j'en serais désolée ; mon vif désir, au contraire, est de vous porter la paix des enfants de Dieu, celle qui vient de Dieu, qui est promise aux âmes de bonne volonté. Vous êtes de ce nombre, n'est-ce pas ? S'il est un moment où nous devons être unies dans la prière, la résignation, la charité, c'est bien celui-ci. Appliquons-nous y donc plus que jamais, mes enfants, je vous le demande avant tout. Ici, nous récitons tous les soirs, les grandes litanies des saints, après Complies ; le Rosaire, tous les jours ; la prière à Jésus-Enfant, trois fois par jour, le soir après les suffrages et après l'Angelus. A la prière de l'heure de garde, à chaque heure, nous ajoutons les deux oraisons : « O Dieu, notre refuge » et « saint Michel, défendez-nous... » Le jeudi soir, de huit à neuf heures, nous récitons le Rosaire. Je recommande à nos Sœurs de dire souvent, en particulier, le « *Veni Creator.* » Au chapelet qui termine la récréation de midi, nous ajoutons les litanies du Sacré-Cœur. J'ai conseillé aux Sœurs qui ne sont pas souffrantes de prendre la discipline, vingt-cinq coups, tous les jours.

« Je recommande surtout la générosité dans les sacrifices qui s'offrent si souvent dans l'observance de la Règle ; l'accomplissement des devoirs d'emploi auprès des enfants ou autres, dans le froissement des caractères...

« Je vous fais les mêmes recommandations, mes enfants, laissant à votre Mère Prieure, en ce qui concerne les prières, le soin de régler ce que vous pouvez faire d'ici au moment où nous serons fixées sur notre avenir. Alors, quoi qu'il arrive, le Cœur de Jésus, Notre-Dame du Rosaire et notre Père saint Dominique seront avec nous, rien au monde ne pourra nous ravir leur amour, leur puissante protection. Cela nous suffit... »

Peu de jours après, Mère Marie des Anges recevait de M. le chanoine Dumas, l'ami et le conseiller des heures sombres, une lettre où il lui disait :

« Je conçois vos préoccupations et toutes vos angoisses, au moment présent. Nous ne sommes pas à la veille d'une persécution, nous sommes en pleine persécution, persécution d'autant plus funeste qu'elle se fait légalement et par fractions. Est-ce que cette tempête doit nous décourager ? Oh ! mille fois non ! Nous pouvons être persécutés, exilés, emprisonnés,

mais la victoire arrivera toujours pour nous. Satan
ne triomphera pas de Jésus-Christ !...

« En l'état, je crois que vous faites bien de ne
recevoir ni novices, ni pensionnaires. Le Cœur de
Jésus qui s'est servi de vous pour faire son œuvre qui,
en quelques années a produit d'assez beaux fruits,
saura bien la sauver. Vous êtes la mère d'une nombreuse famille ; aucun de ses membres ne périra, et
toutes vos filles iront au ciel. Quelle consolation pour
vous ! »

Mère Marie des Anges prit ses précautions en vue
du refus très probable de l'autorisation demandée.
Elle comptait sur une des maisons fondées en Belgique pour abriter les Sœurs venues de France. Mais
l'impossibilité de loger le noviciat, au milieu d'œuvres
très actives, la força de tourner ailleurs ses regards.
Et l'on chercha, l'on chercha même longtemps avant
de découvrir une maison qui fut propre à la vie religieuse qu'elle voulait maintenir dans toute son intégrité, et dont l'achat ne créerait pas, pour la Congrégation, une trop lourde charge.

Là encore, comme pour récompenser sa confiance,
la Providence lui vint en aide. Mère Marie des Anges
put songer à une propriété située entre Soignies et
Casteau, sur la chaussée de Mons à Bruxelles. Cette
propriété était désirée par les parents de la donatrice,
minée par la phtisie et que le bon air de Casteau avait
chance, sinon de rétablir complètement, au moins de
fortifier.

Le château de Neufvilles, à Casteau, permettait des

agrandissements futurs. Situé dans une campagne solitaire et calme, il présentait de sérieuses garanties pour la vie religieuse, en même temps que des difficultés non moins sérieuses, pour l'établissement d'un Pensionnat. Mais, comme le but poursuivi était atteint, on s'arrêta à ce choix, car il devenait urgent d'en finir.

En effet, la Chambre et le Sénat avaient, dans une séance à jamais et tristement mémorable, voté le rejet en bloc des autorisations demandées. Il fallait s'attendre à une expulsion imminente. Et ce fut l'exode douloureuse.

M. le chanoine Condette, l'aumônier d'Hardinghen, qui avait fait toutes les démarches pour trouver l'asile nécessaire, bénit la salle du château qui doit servir de chapelle, le 28 février 1903. Le lendemain arrivent quatre Sœurs. Le 24 avril, la Prieure d'Hardinghen, accompagnée de deux Sœurs dont Sœur Catherine du Sacré-Cœur, les rejoignent. Puis, c'est Mère Marie des Anges qui, après un voyage très pénible, vient, dans les premiers jours de mai, apporter un peu de réconfort à ses filles. Au mois de juin, elle retourne à Hardinghen. Elle devait avoir avec Mgr Williez un entretien décisif qui l'affermit singulièrement car l'Evêque, si bon pour elle et pour toutes ses filles, lui avait dit ses intentions très nettes au sujet de la Congrégation dont il était alors le Supérieur canonique. « Emmenez toutes vos filles avec vous ! » ajoutait-il.

Oui, Mère Marie des Anges reçut ces lumières avec joie : tant de tristesses assombrissaient alors son âme vaillante ! L'esprit du mal s'était introduit clandestinement parmi les Sœurs, et il s'efforçait de leur persuader que, n'ayant pas fait profession pour un couvent de Belgique, elles pouvaient, sans aller contre leur vœu d'obéissance, se séparer de leur Supérieure majeure et des religieuses qui la suivraient en exil. C'était la scission ou, si l'on veut, le schisme au sein de la famille ! Quelques malheureuses cédèrent à ces instigations du mauvais esprit. Hélas ! comme dans toutes les Congrégations dispersées alors, le vent de la persécution, trop violent pour certains fruits, les fit tomber à terre, alors qu'il affermit les autres dans leur sainte vocation ! Il est des tristesses dont on ne fait mention que pour mieux mettre en lumière la vertu sous toutes ses formes, et établir la part des responsabilités.

Le cœur de Mère Marie des Anges, déjà si éprouvé, saigna lorsque quelques-unes de ses filles, sans autre motif qu'une indépendance malsaine, se séparèrent d'elle. « Voulez-vous aussi me quitter ? » dit-elle aux autres. Et toutes de répondre comme les Apôtres à leur Maître délaissé par des disciples incapables de lutter : « Mère, à qui irions-nous ? Vous avez les paroles du Cœur de Jésus. En Lui nous croyons ! »

Le 10 juin, Mère Marie des Anges quittait définitivement Hardinghen, emmenant avec elle Mère Sainte-Catherine et quelques autres religieuses. L'une d'entre elles, Sœur Marie-Catherine, venait de recevoir l'Extrême-Onction et, au dire du médecin, elle n'était pas transportable. Mère Marie des Anges avait décidé qu'on la laisserait à Hardinghen sous la garde d'une Sœur, mais elle supplia tant qu'il fallut céder à ses désirs et l'emmener à Casteau où elle se rétablit.

Le 29 juin, le décret d'expulsion des religieuses Dominicaines du Sacré-Cœur, paraissait à l'*Officiel* et était notifié à la Prieure d'Hardinghen. Religieuses et élèves du Pensionnat devaient avoir quitté le couvent dans les premiers jours de juillet. Grande désolation et grande pitié parmi les unes et les autres !... Il fallut céder à la brutalité des décrets et des lois !

Les élèves du Pensionnat ne pouvaient se séparer de leurs maîtresses. Plusieurs d'entre les aînées demandèrent à n'avoir qu'un mois de vacances afin d'être plus sûres de suivre leurs religieuses en exil !

« Au milieu des tristesses du déménagement et des départs, dit la Sœur chargée de la chronique à cette époque, on garde ce qu'on peut de la vie religieuse ; on continue l'Office au chœur, les repas sont pris en silence jusqu'au jour où M. Bresselle, curé d'Hardinghen et confesseur ordinaire de la Communauté, nous donne la permission de parler au réfectoire. Nous sommes cinq ou six, servies avec un matériel des plus primitifs, car il ne reste plus que ce que l'on a jugé inutile d'emporter. Nous sommes revenues aux plus beaux jours de la vie cénobitique. L'une prend son repas dans un dessous de port de fleurs : l'autre, son déjeuner dans une immense casserole tout écornée, la seule qui reste pour préparer tous les aliments. On couche où l'on peut et sur ce qui se rencontre : un matelas, une vieille paillasse par terre... et l'esprit français, reprenant le dessus, sait trouver le côté comique de la situation. D'ailleurs, ces souffrances, ces privations, ces sacrifices seront acceptés par Dieu pour la préparation de l'avenir, pour assurer la vie de la Congrégation, et on les porte allègrement.

« Le matin, à la messe, on chante encore le « *Cor Jesu* » et le soir, à la chapelle, retentit encore le doux « *Salve Regina* », mais l'harmonium n'accompagne plus les voix ; il s'est tu depuis le départ de notre Mère et de la chère organiste. C'est le seul cri du cœur qui monte vers le ciel. Seuls, les anges du sanctuaire accompagnent les voix qui demandent secours pour la Communauté et miséricorde pour ses persécuteurs. »

Le 4 juillet, la Mère Prieure quitte Hardinghen avec les autres Sœurs. Sœur Marie-Réginald Ott reste pour garder le couvent. Les Sœurs de Calais arrivent à Casteau du 13 au 20 juillet. Et toutes ces réfugiées fidèles, Mère Marie des Anges les accueille avec un cœur d'autant plus maternel qu'il avait été étreint par plus d'angoisses !

Elle fut bien douce, bien intime, la première fête de Saint-Dominique à Casteau ! Notre bienheureux Père, du haut des cieux, sembla vraiment, dans un geste tout paternel, se pencher vers ses filles et les couvrir de son manteau.

« Je remercie la Providence, écrivait au commencement de 1904, le Révérendissime Père Frühwirth à Mère Marie des Anges, je remercie la Providence qui a bien voulu vous mettre à l'abri des orages en vous faisant trouver un asile en Belgique, où vous pouvez continuer votre vie religieuse. Profitez de cette paix pour cultiver en vos âmes les vertus de votre sainte vocation ; pour vous affermir de plus en plus dans le détachement de tout ce qui passe, dans le recueillement, la vie intérieure et l'union à Dieu et à sa volonté... »

Le couvent du Sacré-Cœur de Casteau fut l'asile où les vertus préconisées par le Maître général furent pratiquées, sous la douce et vaillante direction de Mère Marie des Anges. La vie religieuse y était intense ; on y jouissait d'une belle solitude, d'un air pur et vivifiant. On n'avait pas délaissé tout à fait le côté apostolat, puisque les anciennes élèves d'Hardinghen avaient rejoint leurs maîtresses en exil.

Il fut doux au cœur de Mère Marie des Anges de procurer, de cette façon, la paix à ses filles, se réservant les soucis et les peines qui l'assaillirent alors : vente, par les liquidateurs, des couvents d'Hardinghen et de Calais ; les décès successifs de Sœur Marie-Réginald Ott qui avait gardé le couvent d'Hardinghen, jusqu'à sa fermeture ; de Sœur Saint-Raymond, une des Sœurs fondatrices, grande prêcheresse mendiante devant le Seigneur ; de Sœur Catherine du Sacré-Cœur.

Jeanne Vrambout, née à Lille le 14 mai 1877, fit brillamment ses études au lycée Fénelon. Elle y obtint, à 16 ans, après les brevets de l'enseignement primaire, le diplôme de fin d'études. Elle suivit aussi des conférences religieuses, et les notes qu'elle y a prises témoignent de son goût pour les questions élevées de l'enseignement scripturaire et de l'apologétique chrétienne, ainsi que d'une grande facilité d'assimilation. Elle se dévouait, par ailleurs, aux œuvres de charité et de zèle. Pleine d'entrain, rayonnante, aimable, elle faisait la joie des siens et de tous ceux qui l'ont connue à cette époque.

Elle fréquentait l'église des Dominicains de la rue Notre-Dame et c'est probablement là, aux pieds de la Vierge du Rosaire et de saint Dominique, que Dieu la marqua pour la vie religieuse.

« Marie, écrit-elle dans ses notes intimes, après un triduum du Rosaire, est notre Mère parce qu'elle est Mère de Jésus-Christ, puisque Jésus-Christ est la grâce et que la grâce est notre vraie vie. Marie est véritablement Mère de Jésus-Christ ; elle l'est au même titre que nos mères. Mais au point de vue moral, si l'on considère quel a été l'effort de volonté suprême de Marie, pour donner au monde le fruit de ses entrailles, il faudrait multiplier à l'infini les désirs ardents, les aspirations accumulées depuis des siècles, dans l'âme des patriarches, des prophètes qui attendaient avec une sainte impatience, la venue du Rédempteur. Et c'est avec peine que notre faible intelligence peut percevoir ce qui se passa dans le cœur de cette bienheureuse Vierge au moment où, dilatant sa belle âme et voulant concentrer en elle le ciel tout entier , elle dit dans son humilité : *Fiat voluntas tua...* Quel dut être l'amour de ce cœur vierge lorsqu'elle conçut son Dieu ! »

« Pour Dieu, jamais assez ! » s'écriait notre future religieuse — et elle se met résolument à l'œuvre de sa perfection spirituelle.

« Fuir le péché qui plaît, écrit-elle après une retraite, pratiquer, même au prix du sacrifice, la vertu qui déplaît à notre nature corrompue... Prier sous le regard de Dieu ; tout recevoir de son amour ; payer ses bienfaits d'un peu d'amour !... O Marie conçue sans péché, priez pour nous qui avons recours à vous ! »

Elle aimait à fixer ses résolutions de retraite en des traits d'Ecriture sainte.

« Je suis descendu du ciel pour faire, non ma volonté, mais la volonté de celui qui m'a envoyé. » Mon Père, que votre volonté soit faite ! Il a été obéissant jusqu'à la mort et à la mort de la croix. Ce n'est pas tout homme qui aura dit : Seigneur ! Seigneur, qui entrera dans le royaume des cieux, mais celui qui fait la volonté de mon Père qui est aux cieux. »

En 1897, elle formule ainsi la devise du chrétien : « La seule chose nécessaire est le salut ; aimer de toute son âme Jésus Sauveur ; se méfier de soi, pécheur. »

Pensait-elle à la vie religieuse ? Elle l'envisage par rapport à Dieu à qui l'on se voue : « De même que Dieu, en prenant la forme humaine, s'est fait l'égal de tous les hommes, le religieux en prenant la forme de la pauvreté, se fait l'égal de tous les petits. » Elle veut, dès lors, mettre un frein à « l'estime de soi » ; elle n'entend pas « mépriser les autres en secret et s'élever au-dessus d'eux » ; elle assurera en elle-même « le fondement de toutes les vertus, qui est l'humilité. » Elle s'interdit aussi de juger le prochain, d'exagérer, de condamner ses actes. « Une telle conduite, écrit-elle, refroidit la charité. Plus on met en saillie les défauts d'autrui, plus on aiguise le poignard qui détruit la charité, parce que cette vertu naît principalement de la bonne opinion que nous avons de nos semblables... Pour vivre de la vie de Dieu, il faut mourir à la vie de la nature ; et, pour être transformé en Dieu, il faut avoir mortifié ses inclinations les plus chères. »

Ces pensées, elle les traduit plus loin par une expression plus énergique encore : « Pour aimer Dieu : te tuer, te faire écraser, t'anéantir, te laisser oublier, te sevrer des affections humaines ; être méprisée, remercier Dieu de ses bienfaits ; expier tes péchés ; travailler à la conversion des pécheurs... tout laisser tomber, ne rien relever. »

La piété de Jeanne Vrambout était solide et procédait d'une âme saine, toujours ouverte sur Dieu et les mystères de notre foi.

« La prière, lisons-nous dans ses notes, est une œuvre spirituelle accomplie dans un corps terrestre ; une vision de l'âme fixant sur Dieu les regards de la foi ; une subordination entière de notre cœur à Dieu devant lequel il s'anéantit ; une voix qui va frapper les oreilles divines, un cri suave qui part du plus profond de nos entrailles ; une action qui impose silence à toutes les actions matérielles ; un recueillement de tous les sens ; un oubli de soi et de toutes les créatures ; le port où se réfugie l'esprit battu par la tempête ; une comparution anticipée devant le juge éternel, une condamnation de soi-même ; un jugement qui précède le jugement irrévocable ; un vrai miroir de l'âme ; un flambeau pour la conscience ; un ombrage qui tempère les ardeurs de la chair ; un abandon de notre être entre les mains de Dieu et une soumission absolue à sa sainte volonté.

« La prière parfaite est celle de celui qui prie sans le savoir, parce qu'il s'est oublié lui-même en oubliant tout ce qui n'est pas Dieu. »

Ces idées sur les rapports de l'âme chrétienne avec Dieu, que Jeanne Vrambout a bien pu ne pas pratiquer dans la perfection, l'ont cependant puissamment aidée à se fixer certaines limites qu'elle ne franchit jamais dans ses rapports avec le monde et lui ont permis d'affronter certains dangers qui eussent perdu des âmes moins éclairées et plus molles. Elles l'ont conduite doucement, avec certitude, au port où Dieu l'atendait. Et lorsqu'à Hardinghen, elle eut pour la première fois, le spectacle de la vie religieuse dominicaine, elle se sentit résolument fixée. Elle sut faire entendre à sa mère que Dieu lui demandait le sacrifice de sa fille et la mère se rendit généreusement aux exigences divines.

Jeanne Vrambout entra donc au noviciat d'Hardinghen et y prit l'habit le 15 août 1900 ; elle devint Sœur Catherine du Sacré-Cœur.

Ses notes nous permettent de la suivre, pour ainsi dire, pas à pas, durant tout son noviciat de probation et, s'il est vrai de dire que le noviciat fait présager de la vie religieuse, nous pouvons, dès lors, nous représenter ce que devait être Sœur Catherine, trop tôt disparue.

« Noviciat, école de sacrifice. Communier dans l'obéissance et le sacrifice. » Telle est l'idée qu'elle se fit, dès l'origine, de la vie religieuse. Elle éprouvait, jusqu'au fond d'elle-même, le besoin de s'immoler à l'exemple du divin Crucifié.

« A l'heure de la Passion et de l'humiliation de Notre-Seigneur, ses disciples, témoins de ses miracles, les malheureux mêmes qu'il avait soulagés, se scandalisent de le voir ainsi anéanti ; ils doutent de sa puissance et l'abandonnent. Le Christ monte encore au Calvaire dans la personne de son Eglise ; Il est humilié. Il semble à l'agonie. N'imitons pas les Juifs, ayons confiance, Il vaincra, comme au jour de sa résurrection. »

Elle veut « bannir tout sentiment de recherche de soi, d'amour-propre, soit direct, soit par l'intermédiaire des créatures : affection, jalousie, antipathie ; se jeter en Dieu et y demeurer ; aux heures de crise, s'y jeter plus complètement, plus ardemment. »

« Seigneur, s'écrie-t-elle, j'ai été idolâtre, je me suis aimée au lieu de vous aimer ; je me suis recherchée au lieu de vous rechercher ; je ne veux aimer que vous, ne rechercher que votre gloire. »

Voilà son but nettement déterminé : aimer Dieu

et l'aimer dans la croix ! Elle mit à le poursuivre toutes ses facultés, un enthousiasme qui a pu, certaines fois, ressembler à de l'exaltation, mais qui, à coup sûr, la maintient sur les hauteurs et lui permit de mieux supporter les épreuves du noviciat.

« Sortez de vous par un élan généreux et regardez Dieu », inscrit-elle dans ses notes.

« A petit mercier, petit panier ! » chante-t-elle joyeusement ; et elle ouvre, bien larges, les ailes de son âme pour planer aux horizons divins.

Ce n'est pas à dire que la nature ne se retrouve plus : « Chassez le naturel, il revient au galop ! » Elle crie parfois sous la main énergique de sa Maîtresse des novices qui, avoue-t-elle, n'a pas seulement à soutenir et à consoler, mais à former et à exercer au renoncement, à la mortification, à la souffrance.

Elle « cherchait beaucoup trop à satisfaire son cœur. » Mais un regard jeté sur le crucifix, et « elle se reprend. » Puisqu'elle ne peut faire de pénitence corporelle, elle immolera son cœur.

« O Jésus, s'écrie-t-elle, renouvelez votre présence dans mon cœur ; purifiez-le, embrasez-le, détachez-le de toute créature ; ne permettez jamais qu'aucune affection ne puisse le détourner de votre pur et saint amour... Mon Dieu, faites de moi tout ce qu'il vous plaira, quelque chose ou rien. Je veux être vôtre à la vie, à la mort.. »

Son « moi », elle le poursuit partout pour le faire mourir. Dans son attitude extérieure, elle s'applique à retrancher ce qui ne concorde pas avec la dignité religieuse. « Le rire des saints, écrit-elle, n'est pas l'éclat intense des lèvres, mais la joie d'une âme qui possède la raison... Dieu. »

« La modestie est cette gravité, cette réserve dans la tenue, l'allure, la conversation, la tristesse et les rires, qui combat chez la femme son désir de plaire et sa légèreté naturelle. »

« Je m'efforcerai, décide-t-elle, d'arriver au recueillement extérieur et surtout au recueillement intérieur... Je ne m'arrêterai pas aux regards, sourires, paroles affectueuses ou d'encouragement que je pourrai recevoir ; je les recevrai en bénissant Dieu qui me les envoie comme de petites fleurs, pour rompre l'aridité de la route... Je m'efforcerai de me tenir dans le calme, la paix, évitant une agitation exagérée et le trouble dans les occupations extérieures. « On doit faire avec soin ce dont on est chargé, dit saint Alphonse de Liguori, mais toujours avec tranquillité et sans passion. »

Elle note, pour en faire le sujet de sa méditation quotidienne, ces réflexions :

« Il faut que je me réjouisse grandement quand je suis mortifiée, car alors j'ai ce que je suis venue chercher en religion. Être la dernière de toutes, tel doit être le rêve d'une bonne religieuse, c'est-à-dire d'une véritable épouse de Jésus-Christ. Aimer Jésus solidement, nous souvenant des paroles de sainte Chantal : « Savourer les suavités n'est pas un amour solide, mais s'humilier, mourir à soi-même, souffrir les injures, vouloir être connu de Dieu seul, c'est là véritablement aimer. Remercier n'importe qui pour n'importe quelle observation qu'on aura bien voulu nous faire. Voir Dieu dans ses Supérieures, s'habituant à dire après un ordre : Oui, ma mère ; oui, mon Dieu ! »

Et Sœur Catherine prend la résolution de réciter chaque jour un *Pater* et un *Ave* en l'honneur des humiliations de Notre-Seigneur, pour souffrir avec joie tous les mépris.

Avec sa maîtresse des novices, elle sera « simple, libre, confiante, toute surnaturelle, très obéissante et la secondant auprès des autres par son bon exemple. » Quand elle s'approche d'un Supérieur, elle veut penser qu'elle n'a « droit qu'aux rebuts, aux humiliations, au mépris » ; elle considère cela « comme le meilleur pour elle, comme une participation aux humiliations de Jésus. »

Ces dispositions, elle essayait de les apporter dans ses rapports avec les Sœurs et celles-ci en ont gardé un souvenir fortifiant et tout embaumé. Elle souffrait d'un mal qui ne pardonne pas et qui finit par la terrasser. Elle s'évertuait à ne rien laisser paraître de ses souffrances pour n'être pas à charge aux autres : « Il faut faire son secret de ce que l'on souffre, note-t-elle, le silence est agréable au Cœur de Jésus. » S'il arrivait qu'on lui fît de la peine, elle se taisait, suivant sa maxime : « Tout laisser tomber, ne rien relever. »

« Elle s'inspirait en cela de cet autre principe que nous lisons dans ses notes : « La patience ne vit que de peines et la patience est la compagne inséparable de la charité. »

Cette patience, elle entend la puiser dans l'humilité et le souvenir de Notre-Seigneur : « L'humilité, écrit-elle, est sœur jumelle de l'amour de Dieu ; sans humilité, pas d'amour ; pas d'humilité sans amour. Quand vous voudrez pratiquer une humiliation, au lieu d'y aller par effort de volonté, mettez-vous en la présence de Dieu qui vous aime, pensez à Notre-Seigneur que vous avez reçu dans la communion ; à Notre-Seigneur humilié jusqu'à la croix, à Notre-Seigneur qui s'est fait un rien dans le sacrement de l'autel. Au lieu de voir la personne qui est là, voyez Notre-Seigneur Jésus-Christ. Faites cet acte devant Notre-Seigneur, abîmez-vous devant lui ; sacrifiez-vous devant lui, pour lui, en le regardant et pour lui prouver votre amour. Rien ne vous coûtera ! »

Il lui arrivait en récréation, de parler d'elle-même et des siens, de mondanités. Elle se le reproche et prend, pour se corriger, la résolution de se mordre la langue quand elle retombera dans ce défaut.

Elle avait l'esprit moqueur, lançait des pointes, faisait parade de ce qu'elle savait, s'attachait à sa manière de voir ; elle se reporte immédiatement à sa résolution d'être humble. « J'ai été beaucoup trop attachée à mon jugement que je croyais bon ; il est déformé par ma passion et mon imagination. Je ne dois m'en rapporter à lui que dans la mesure où il est conforme avec ceui de mes Supérieures. « Ne jugez point et vous ne serez point jugés. »

En fait, et de l'aveu des religieuses, Sœur Catherine du Sacré-Cœur avait ce que l'on pourrait appeler la pudeur de sa vie intime. Seule, la mort a pu nous ouvrir les trésors de son âme. Elle abhorrait toute pose et ne pensait guère à elle dans ces moments d'expansion que doivent être les récréations. Elle riait de bon cœur et n'engendrait jamais la mélancolie. Le décorum, chez elle, en a peut-être souffert, mais qu'importe si la charité fraternelle y avait son compte ! S'apercevait-elle, à leur gravité, que ses Supérieures avaient des soucis, elle n'avait de repos qu'elle ne les eût fait, au moins, sourire.

Ayant le cœur à l'aise, elle était heureuse de la joie des autres et s'efforçait de la leur procurer quand l'occasion s'en présentait.

Sainte liberté, joie divine des enfants de Dieu, tel était son partage, parce qu'elle avait découvert, pour y entrer résolument, l'unique voie de la paix et du bonheur dans la vie religieuse : le sacrifice dans l'humilité et l'amour de Dieu. Cette voie, nous la trouvons décrite dans ses notes :

« La ferveur est une habitude de la volonté qui nous fait faire promptement et joyeusement ce qui plaît à Dieu. Elle ne consiste pas dans les goûts sensibles, dans une certaine douceur, mais dans la volonté déterminée à servir Dieu parfaitement et avec allégresse. Elle est très agréable au Seigneur parce qu'elle est la perfection de la charité, et qu'elle est évidemment le contraire de la tiédeur qui nous traîne plus ou moins sur la terre, en nous laissant aller vers Dieu que par intervalle. C'est elle qui nous fait plus aimer Dieu que Le craindre et qui nous porte à dire à Dieu : mon Père ! Elle nous fait voir Dieu et nous Le fait sentir près de nous, toujours bon, toujours paternel. Elle produit le calme, la paix, la joie, même au milieu des peines et des afflictions. Voulant plaire à Dieu et sachant qu'elle le fait par la souffrance, elle ne sent pas ses peines, ou du moins, elle les aime. « Celui qui aime, dit saint Augustin, fait tout sans peine, ou bien sa peine, il l'aime. » Pour l'acquérir, voulons et prions. Nous pouvons vouloir, mais c'est Dieu qui rend fervent. La ferveur est une effusion du Saint-Esprit que nous ne pouvons avoir par nous-même. Une marque de la ferveur, c'est l'attention aux petites choses, l'exactitude à la Règle, la disposition effective de tout accepter de la main de Dieu en esprit d'amour et d'abandon. *Amen.* »

Novice fervente, Sœur Catherine du Sacré-Cœur le fut. Elle voulut reproduire en elle le Crucifié ; pour y arriver, elle sut voir clair dans sa vie, y discerner le mal pour l'extirper, le bien pour le faire concourir à son dessein. Elle disposa, peu à peu dans son âme, les degrés de l'humilité, du sacrifice, de la confiance et de l'amour de Dieu.

Quand vint l'heure de se donner complètement à ce Dieu, elle était prête.

La veille de sa première Profession, le 9 septembre 1901, à la fin d'une excellente retraite, elle faisait cette prière :

« Mon Dieu, je me donne toute à vous sans me rien réserver ; je veux, avec votre grâce, devenir une sainte religieuse. Merci pour vos miséricordes infinies. Je veux commencer une vie nouvelle : vie de foi, d'humilité, d'obéissance, de zèle pour les âmes, de pénitence ; le tout animé par votre divine charité. Je mets cette résolution sous la protection de Marie, ma Mère, de saint Joseph, de saint Dominique, de ma chère sainte Catherine de Sienne. O ma sainte, continuez à m'instruire et à me guider dans le pur amour de Dieu. Je voudrais, comme vous, devenir une torche ardente pour embraser les âmes de l'amour de Jésus ; je voudrais sortir de ma piété égoïste et ne vivre, comme vous, que pour la gloire de Dieu, le salut de l'Eglise et des âmes ! »

Sa profession religieuse fut vraiment le don absolu d'elle-même à Dieu dans la sincérité et la joie de son âme. Elle se voua complètement aussi à sa famille religieuse et ce dévouement ne fut pas stérile.

Faut-il agrandir le couvent d'Hardinghen, elle demande à ses parents de prélever une somme importante sur son héritage et, joyeuse, elle l'offre à Mère Marie des Anges. Celle-ci, au moment des graves inquiétudes de la persécution et de l'exil, craint-elle de ne pouvoir préparer à ses filles l'asile nécessaire, faute de ressources, Sœur Catherine du Sacré-Cœur vient encore à son aide et Mère Marie des Anges peut acheter Casteau.

Ce séjour, il est vrai, avait paru très favorable au rétablissement d'une santé fort ébranlée, mais Sœur Catherine fut si heureuse de dissimuler, sous ce prétexte, son dévouement !

Elle s'empressa de le témoigner encore d'une autre façon : frappée d'une affection pulmonaire, elle se voua à Dieu en victime de propitiation pour sa famille religieuse. Elle savait les bienfaits de la souffrance chrétiennement supportée ; le rôle des infirmes dans une Congrégation et, tout de suite, elle assuma ce rôle.

« La souffrance, écrit-elle, est une loi de justice, expiation pour nous et pour les âmes ; une loi de miséricorde, elle nous maintient dans le devoir ou nous y fait rentrer ; une loi de bonté, puisqu'elle nous permettra d'être unis à Jésus-Christ pour l'éternité. »

Elle poussa le sacrifice jusqu'à l'offrande de sa vie. Le 28 août 1905, elle fit le pèlerinage de Lourdes avec sa Maîtresse des novices et ses parents. Phtisique au dernier degré, on la porta sur l'esplanade du Rosaire avec les autres malades. Au moment où le prêtre s'approchait d'elle avec l'ostensoir, au lieu de demander sa guérison, un seul mot sort de ses lèvres : Hardinghen ! Elle voulait sauver des ruines, le couvent qui avait abrité les commencements de sa vie religieuse ! Donc, rien pour elle, tout pour sa famille religieuse et les âmes ; elle avait dans le tempérament quelque chose du tempérament de sainte Catherine de Sienne qui aima tant l'Eglise et l'Ordre de Saint-Dominique ; qui adhéra si intimement à la Croix de Jésus-Christ !

Cette croix lui resta jusqu'au bout. Elle, qui désirait tant se donner, fut immobilisée sur un lit de souffrance ; elle, qui, sur un ordre de ses Supérieures, serait allée aux extrémités du monde pour sauver une âme, dut garder sa cellule presque tout le temps de sa vie religieuse ; elle enfin, qui, au dire de ses Supérieures, avait des aptitudes pour tout, même aux charges majeures de l'Institut, en fut réduite à la condition des enfants. Seule, sa tête si bien organisée, garda jusqu'au bout, ses fermes lumières et ses volontés énergiques.

Elle revint de Lourdes dans un état de faiblesse extrême, marquée par la mort. Cet état se maintint tout l'hiver, mais le printemps précipita la dernière crise. A la fin de mars, se présentèrent les symptômes de la mort prochaine.

« La Sœur changeait à vue d'œil, raconte un témoin, elle avait des crises d'étouffement qui semblaient devoir l'emporter... La journée du 1er avril fut pénible, la nuit davantage encore. Trois fois, on crut le dernier moment arrivé. Mère Marie des Anges qui, dans la nuit du samedi au dimanche, s'était levée bien des fois pour voir et assister sa fille mourante, ne la quittait presque plus. Elle lui suggérait de pieuses affections, des actes d'abandon que la malade redisait après elle et de tout son cœur. Elle murmurait : « Mon Dieu, si vous le voulez, que ce calice passe loin de moi », et Mère Marie des Anges complétait la prière du Sauveur : « Mais que votre volonté soit faite et non la mienne. » Et Sœur Catherine du Sacré-Cœur répétait : « Que votre volonté soit faite ! J'accepte, j'accepte !... »

Le lundi 2 avril, vers huit heures, le médecin, après un court examen, dit aux Sœurs que le dernier moment approchait. On sonna pour avertir les Sœurs et celles-ci, selon la pieuse coutume en usage dans l'Ordre, montèrent de la chapelle dans la cellule de la Mère Prieure où l'on venait de transporter la mourante. Mère Marie des Anges demanda à Sœur Catherine si elle voulait qu'on chante le « *Salve Regina.* » Sœur Catherine dit : « Oui, qu'on chante. »

Pendant le *Salve*, Mme Lemaire, à genoux au pied du lit, regardait sa fille ; elle se leva, s'approcha d'elle, la couvrit de baisers, et sa fille lui murmurait doucement : « Ne pleure pas ! » puis ses yeux à demi fermés se portaient sur le Crucifix où ils demeurèrent fixés. Un moment on crut que tout était fini, on le fit remarquer. « Pas encore ! » souffla Sœur Catherine et dans ce souffle, son âme s'envola vers Dieu qu'elle avait tant désiré voir !

Elle repose au cimetière de Casteau en attendant qu'on puisse la transporter en France, selon le désir exprimé par ses parents.

« Si j'étais morte près de vous, leur avait dit Sœur Catherine, vous m'auriez élevé un beau monument ; donnez donc, en souvenir de moi, un calvaire qui rappellerait toutes les Sœurs défuntes de la Congrégation. »

Ce calvaire, généreusement accordé par M. et Mme Lemaire, s'élève au milieu de la cour d'honneur du couvent. Il fut béni le 12 septembre 1906.

« Le souvenir à perpétuer, disait l'orateur à l'inauguration du calvaire, est celui de la mort de Sœur Catherine du Sacré-Cœur ; l'idée à recueillir de sa mémoire est l'idée de sa vocation au sacrifice... On lui disait que son épuration au feu lui épargnait le purgatoire : « Ah ! s'écriait-elle, qu'on me dise plutôt que je gagne des âmes ! » C'est qu'elle portait bien le nom de sainte Catherine de Sienne, profondément dévouée au Sacré-Cœur, étant de ces natures chevaleresques qui vont jusqu'au bout de leurs principes et de leurs forces.. »

Cette mort prématurée d'une religieuse sur laquelle on fondait de légitimes espérances, frappa au cœur Mère Marie des Anges. Mais, comme le grand patient de l'Ecriture, elle dit, se résignant à la volonté de Dieu : « Le Seigneur me l'avait donnée, Dieu me l'enlève, que son saint nom soit béni ! »

Les œuvres naissantes que Dieu prédestine à faire du bien sont ainsi marquées. La restauration dominicaine fut affermie sur des pierres solides, toutes rayonnantes de blancheur et de jeunesse : Piel, Réquédat, Hershein. L'âme si tendre, si grande du Père Lacordaire en fut douloureusement atteinte. Mais son œuvre, fondée sur le sacrifice et la pureté, se développa et produisit des fruits de bénédiction.

CHAPITRE IX

*Le quatrième Chapitre général. — Vie intime et religieuse. —
Mort de Mère Marie des Anges.*

(1906-1907)

Le 29 août 1906, se tint au couvent du Sacré-Cœur
de Casteau, le quatrième Chapitre général de l'Institut, sous la présidence de Mgr Williez.

L'Evêque d'Arras était venu déjà deux fois visiter
« ses filles » en exil, et il se retrouva au milieu d'elles,
comme à Hardinghen, avec une joie profonde et sincère. Mère Marie des Anges retenue chez elle par la
maladie, ce fut dans ses appartements qu'eurent lieu
les élections de la Prieure générale et des Officières
majeures de l'Institut.

Avant les élections, la vénérée malade déclara qu'il
lui était impossible désormais de gouverner l'Institut;
elle demandait, comme une grâce, qu'on voulût bien
lui accorder le repos dont elle avait besoin pour se
préparer à la mort. « Nous ne demandons pas vos
jambes, lui répliqua aimablement l'Evêque d'Arras,
nous ne voulons que votre tête. »

Mère Marie des Anges dut s'incliner et elle fut
réélue, à l'unanimité, Prieure générale.

Ce Chapitre, où Mgr Williez et Mère Marie des
Anges s'occupèrent ensemble, pour la dernière fois,

du gouvernement, des affaires et des destinées de l'Institut, laissa dans le cœur de tous le souvenir d'une grande bonté de la part du Supérieur canonique, d'une filiale reconnaissance du côté des religieuses et une certaine confiance dans l'avenir.

Et la vie religieuse continua son cours normal à Casteau et dans les autres couvents de l'Institut. La dernière année de Mère Marie des Anges semble vouloir se hâter ; les derniers jours viendront vite !

C'est peut-être le moment de montrer la vénérée Mère au milieu de ses filles, de recueillir les faits de sa vie intime et religieuse.

Nous la suivrons donc vivant la journée dominicaine telle qu'elle-même en a fixé le·cours régulier dans ses Constitutions et son Coutumier.

Cette journée est la même, sauf les œuvres, dans tous les couvents. L'horaire fixé à Calais-Nord, qu'on observait déjà à Brebières, n'a pas varié. Et Mère Marie des Anges fut toujours, depuis la fondation jusqu'à sa mort, l'âme de cette vie, dans le Sacré-Cœur de Jésus..

Quand, vers cinq heures et demie du matin, les Sœurs descendaient au chœur pour l'office de Prime, elles trouvaient leur Mère agenouillée à son prie-Dieu, plongée dans la prière. Il fallait qu'elle fût immobilisée sur un lit de souffrances, pour se résigner à ne pas présider ces prières matinales et l'oraison ou l'âme, reposée comme le corps, s'ouvre plus facilement aux choses divines. Elle récitait doucement l' « O sacrum » et le « Suscepit nos » de sa voix légèrement nuancée par l'accent méridional, toute claire aussi des lumières de son ciel pyrénéen. Sa piété saisissait toutes les âmes et les disposait à bien prier.

Pendant l'office et l'oraison surtout, elle fixait son regard sur le Tabernacle, sans que les paupières fissent un seul mouvement. Elle considérait ses misères, s'en humiliait profondément, puis son âme s'attachait à la croix pour se désaltérer à longs traits aux plaies de Notre-Seigneur, à celle de son divin Cœur. Elle s'unissait sur le Calvaire, à la Très Sainte Vierge : « O Marie, Mère des douleurs, lui criait-elle, en ses souffrances, Vierge héroïque et généreuse, apprenez-moi à me taire dans le fort de mes peines et à donner mon application, non au mal que j'endure, mais au bon plaisir de Dieu qui s'accomplit dans mes souffrances. »

Elle reprenait alors le sujet d'oraison ou, si rien dans ce sujet ne l'avait frappée, elle suivait Notre-Seigneur dans une des scènes évangéliques, y cherchait une lumière pour sa conduite personnelle et s'en remplissait. Ce qui l'attirait surtout en Jésus-Christ, c'était sa bonté, sa miséricorde. Elle se sentait alors élevée au-dessus d'elle-même, vers le Rédempteur des hommes. Un colloque intime, cœur à cœur, s'établissait entre le divin Maître et son humble servante, où celle-ci demandait pardon pour elle-même, pour ses filles, pour la France, pour les pauvres pécheurs ; disait son amour, son désir de la gloire de Dieu...

Et la clochette réglementaire la tirait de ces mystérieux entretiens, toujours à son grand regret, emportant, pour en vivre, le souvenir des grâces de Dieu.

Elle remontait chez elle où, avec l'aide d'une Sœur, elle remettait sa cellule en ordre. L'ameublement en était des plus simples : un lit de fer, un prie-Dieu qui servait à la fois de toilette, de garde-robe, de table à écrire ; une chaise. A Brebières, elle avait une table de nuit que son neveu Hector, maître-ébéniste, lui avait fabriquée. Il fallut bien, à cause de sa maladie, augmenter le mobilier d'un fauteuil et d'une chaise-longue. A Hardinghen et à Casteau, elle se servait d'une méchante petite table, en bois blanc, munie d'un pupitre que nécessitait la faiblesse de sa vue. A côté de cette table, une bibliothèque personnelle... où toutes ses filles allaient puiser !

Cette simplicité est demeurée une loi pour les religieuses dont les cellules brillent surtout par la pauvreté et la propreté. Un crucifix, des images ou statues de la Sainte Vierge, de notre Père saint Dominique, de sainte Catherine de Sienne, en sont les seuls ornements. Toutes les portes sont marquées d'un emblême du Sacré-Cœur.

Il arrivait souvent, à cette heure matinale, que quelques religieuses inquiètes, vinssent consulter leur Mère au sujet de leurs communions. Celle-ci les renvoyait en paix, leur disant que, dans le doute, il valait mieux communier, comptant sur la miséricorde de Dieu qui a institué l'Eucharistie, avant tout et premièrement, pour guérir et préserver du mal.

Vers sept heures moins le quart, on descendait au chœur pour Tierce et la sainte Messe. Celle-ci est chantée les dimanches, aux principales fêtes de Notre-Seigneur, de la Très Sainte Vierge, de Saint Joseph, des Saints de notre Ordre et tous les premiers vendredis du mois.

Mère Marie des Anges aimait les cérémonies chorales, le chant liturgique. Elle y admettait même, aux grandes fêtes, la musique religieuse. Mais, s'il se rencontrait parmi les Sœurs — et il y en avait — des voix particulièrement belles, elle insistait pour qu'il y eût le moins possible de soli, craignant les tentations de vanité aussi bien qu'une diminution de piété chez les assistants.

Mère Marie des Anges avait le culte inné des saints mystères qui s'accomplissaient à l'autel durant le sacrifice de la messe. Son attention se concentrait sur le Tabernacle : elle suivait l'action du célébrant. Elle a légué cete manière d'entendre la messe à ses filles qui souffriraient de ne pas voir l'autel. Religieuses et élèves du Pensionnat ont chacune un missel qui les aide à suivre les prières liturgiques ; à Bouge, les sourds-muets occupent les deux nefs de la chapelle ; à Bormenville, les vieillards et les pensionnaires jouissent aussi de cette vue de l'autel et du prêtre.

La communion est quotidienne depuis le décret de 1905 sur la communion fréquente ; cependant, la plus grande liberté a toujours été laissée aux Sœurs et à leurs élèves. Mère Marie des Anges a respecté et voulu qu'on respecte l'initiative personnelle combinée avec la grâce, dans un si grand acte. Un enfant bien né va spontanément à ceux qui lui ont donné le jour. Ainsi en doit-il être dans nos rapports avec Dieu.

Lorsqu'on a faim, on cherche son pain où la Providence nous le dispose ; lorsqu'on a soif, on se désaltère aux sources naturelles. Quand on a faim et soif de Dieu, on se rend naturellement au banquet eucharistique, où Jésus-Christ, en vrai Père de nos âmes, a disposé, pour les pauvres que nous sommes, son corps « véritable nourriture », et son sang « véritable breuvage. »

Ainsi agissait Mère Marie des Anges. Elle communiait pour refaire ses forces spirituelles ; et, comme elle en éprouvait tous les jours le besoin, elle communiait tous les jours. Elle remerciait le Cœur de Jésus de lui donner quotidiennement la faim et la soif de l'Eucharistie, grâce inappréciable que celle-là ! Combien elle souffrait aussi de ne pouvoir communier quand, forcée par la maladie de prendre du liquide ou des aliments, elle n'était pas à jeun ! C'est que son amour de Dieu se concentrait tout entier sur l'adorable Sacrement où elle rencontrait les infinies miséricordes du Cœur de Jésus. « Il avait aimé ses disciples, Il les aima jusqu'à la fin ! » Ce Dieu la poursuivait, ne la quittait pas et le sentiment de sa présence la soutenait partout !

« Que de fois, raconte un témoin de sa vie intime, voyant notre Mère le regard perdu et comme en contemplation devant une chose invisible, je lui disais : « Mère, avez-vous déjà vu le bon Dieu ? » Toujours, elle répondait : « Vous êtes une petite curieuse, laissez-moi tranquille ! » Et comme j'insistais, elle cédait à mes instances, et ajoutait : « Si je ne l'ai pas vu, je l'ai senti bien souvent près de moi. Quand j'étais toute petite, je ne savais pas encore Notre-Seigneur dans l'Eucharistie, et cependant, je me sentais attirée, passant devant une église, par quelque chose que j'éprouvais avec certitude n'être pas de la terre. »

« J'ai été témoin des nuits douloureuses qu'elle passait. Dès que la toux ou les étouffements lui laissaient un peu de repos, et que ses soucis la tenaient éveillée, elle priait et avec quelle ferveur ! Elle tournait sa petite chaise du côté du Tabernacle et adorait Dieu dans l'Eucharistie. C'étaient des invocations brûlantes, puis des moments de silence... son âme contemplait... Une nuit de vendredi saint, elle ouvrit la porte d'une armoire qui donnait communication de sa chambre dans la salle de communauté où se trouvait le Saint-Sacrement. Elle se tint là, à genoux, presque toute la nuit, priant avec un profond recueillement. »

Dans ses communions, Mère Marie des Anges adorait le Verbe incarné, l'amour de Dieu pour les hommes ; le remerciait de ses faveurs, le priait pour ses filles. C'était le colloque de l'oraison qui reprenait, plus intime, plus pénétrant, entre Notre-Seigneur et sa servante. Que de lumières, que de grâces, elle rapportait journellement du banquet eucharistique ! Et il lui en fallait pour accomplir tous ses devoirs de Supérieure qui la reprenaient dès après la sainte Messe.

Vers huit heures, les Sœurs déjeunent ou prennent la petite réfection des jours de jeûne, le vendredi de

chaque semaine et aux jours fixés par l'Eglise. Ensuite, commence le travail des œuvres. Nous en avons
dit l'organisation en exposant les grandes lignes des
Constitutions et du Coutumier de Mère Marie des
Anges.

Dans l'Institut, il y a des Sœurs vouées à l'éducation des jeunes filles et des Sœurs hospitalières.
. Chacune est appliquée aux œuvres suivant ses aptitudes prédominantes, sans exclusivisme toutefois :
au point qu'une religieuse, réussissant dans un Pensionnat, ne puisse pas, s'il y a urgence, être assignée
dans une autre œuvre.

Mère Marie des Anges avait le don de discerner en
chacune de ses filles, les moindres aptitudes ; elle
savait les utiliser pour le bien commun. Elle ne pouvait souffrir, autour d'elle, l'inaction, à moins qu'elle
ne fût recommandée par l'âge ou la maladie.

Sa vie, à elle-même, fut pleinement occupée et
jusqu'au bout ! Elle avait l'œil et la main à tout.

A Brebières, elle soignait les malades à domicile,
elle voyait professeurs et élèves à Hardinghen et à
Casteau. Quand on bâtissait à Calais, elle surveillait
le travail des ouvriers. Il fallait qu'on la mît au courant de tout : on ne s'en plaignait pas, puisque c'était
toujours pour le bien commun. A chaque visite régulière, elle passait au moins huit jours dans les couvents, cherchant à se rendre compte, sur place, de
l'esprit qui régnait dans la maison, de l'administration et du gouvernement des Supérieures, de la
marche des œuvres...

Ses fondations lui causèrent nombre de soucis, de
démarches, de souffrances parfois.

Et voilà de quoi remplir toute une vie religieuse !

Cependant Mère Marie des Anges trouvait le temps de voir en particulier toutes ses filles, de correspondre avec les Sœurs des autres couvents. Pour elle-même, elle ne se réservait que la nuit. Elle dormait très peu, deux heures tout au plus, distribuées en petits sommes. Durant ses longues insomnies, elle priait, consultait Dieu sur les affaires en cours, le suppliait de lui venir en aide dans ses détresses d'ordre matériel.

A ce point de vue, nous avons dit comment, en plusieurs circonstances, sa confiance en la Providence avait été récompensée. « Tant que nous sommes pauvres, disait-elle souvent, tant que nous saurons nous contenter du nécessaire, ce nécessaire ne nous manquera pas ! »

La forme qu'elle donnait à cette foi en Dieu, son caractère surnaturel se retrouvent dans une prière à saint Joseph qu'elle composa en 1895 et qu'elle fit dire aux Sœurs pendant le mois de mars :

Saint Joseph, priez pour nous !

« O bon et tout-puissant saint Joseph, je me reconnais humblement bien indigne des faveurs célestes dont vous êtes le dispensateur. Cependant, en raison de ma confiance inébranlable en votre puissante et toute paternelle protection, je viens déposer à vos pieds l'objet de ma requête ; vous pouvez m'exaucer et je vous conjure de le faire. Vous savez que mon plus ardent désir est de procurer l'amour et la gloire du Cœur adorable de Jésus, de travailler à mon salut, à ma sanctification et à la sanctification des âmes.

« Je vous demande, ô mon bon Père, la santé nécessaire pour observer la règle et m'acquitter des devoirs de ma charge ; le don d'oraison ; apprenez-moi à vivre de la vie intérieure, à prier comme vous, à aider nos Sœurs à marcher dans cette vie comme vous y avez marché vous-même.

« Vous savez, ô mon bon Père saint Joseph, toutes les inquiétudes, tous les soucis qui pèsent sur mon âme ; vous connaissez nos difficultés matérielles, notre manque de ressources, les besoins de nos âmes et de nos trois maisons. Si vous voulez, vous pouvez nous secourir ; pourquoi ne le feriez-vous pas, vous qui êtes le bienfaiteur des pauvres, des malheureux, des infirmes, des affligés et, particulièrement, des communautés religieuses. Oh ! je vous en conjure, ayez pitié de nous, secourez-nous, assistez-nous, envoyez-nous d'ici à votre fête quelques élèves ; bénissez nos œuvres, rendez-les prospères pour la gloire de Dieu et le bien des âmes ; bénissez les projets que vous connaissez et obtenez leur réalisation si telle est la sainte volonté de Dieu.

« Je vous recommande notre saint Ordre, Mgr notre Evêque, le diocèse, M. notre Supérieur, M. le Curé, notre aumônier, toutes nos Sœurs, tous nos parents, nos amis, nos bienfaiteurs vivants et défunts, tous ceux qui ont droit à nos prières ou qui veulent y avoir part.

« Mon bon Père saint Joseph, soyez notre protecteur pendant la vie, mais surtout à l'heure de la mort ; agréez le faible tribut de nos prières, de notre amour, de notre confiance. O mon Père, je vous institue le procureur, le pourvoyeur de notre Congrégation ; faites, je vous prie, honneur à votre charge et qu'on ne puisse pas dire que quelque chose y est en souffrance.

« Comme le bon M. Gournay, je vous demande la grâce de payer nos dettes avant ma mort ; je ne vous demande pas les richesses matérielles qui perdent l'esprit religieux, mais simplement de me débarrasser de ces grands soucis matériels afin que je puisse m'occuper uniquement de Dieu et des âmes. Saint Joseph, il vous est aussi facile à vous de trouver une poignée d'argent qu'à moi de prendre une poignée de terre, secourez-moi, je vous en prie par votre cœur paternel, compatissant et bon ; ne trompez pas ma confiance. Ainsi soit-il. »

A onze heures quarante, la communauté descend au chœur pour la récitation de Sexte et None, suivie de l'examen particulier. A ce propos, on peut se demander quels défauts pouvait bien avoir Mère Marie des Anges. Les saints n'ont gagné le ciel qu'après de nombreux et crucifiants efforts. « Le ciel souffre violence, a dit Notre-Seigneur, et les violents seuls le remportent. » Or, ces efforts supposent nécessairement des obstacles à vaincre qui viennent sans doute du dehors, mais aussi de notre tempérament et de nos fautes. Et Mère Marie des Anges ressemblait à tous les malheureux héritiers du péché originel ! Elle avait dans le sang un peu du vif-argent des personnes du Midi. Une religieuse l'impatientait par des fautes successives, effets de l'irréflexion ou de la négligence, elle la gifflait rudement ! Une postulante qu'elle aimait et dont elle faisait grand cas, eut un jour le don de l'agacer et de la mettre à bout. Prise de court, la bonne Mère la saisit et d'un trait lui fait gravir, à bras tendu, un escalier qui conduisait au dortoir des novices. Une sœur converse, quittant la salle du chapitre après les proclamations, tira violemment la porte sur elle. Mère Marie des Anges la rappelle et lui ordonne de prendre cent coups de discipline ! Ces vivacités, ces indignations intérieures, finirent par disparaître avec le temps, sous l'influence de la grâce et sous la répression énergique des premiers mouvements.

Ce fut pour Mère Marie des Anges, une épreuve bien dure, lorsque la maladie l'obligea de prendre ses repas dans sa cellule, et de suivre, par ordre du médecin, un régime différent de celui des Sœurs. D'une grande assiduité à la table commune, quand elle se portait bien, elle édifiait par sa tenue religieuse, sa modestie, sa mortification.

Elle ne put jamais se livrer à des pénitences extraordinaires. Ce n'est cependant pas le désir qui lui en manquait ! Elle raconta que, durant un séjour chez sa sœur, après son départ de Mazan, se croyant seule dans la maison, elle s'administra une bonne discipline. Soudain, son beau-frère, rentré inopinément, lui cria d'en bas : « Angèle, il pleut donc chez vous ! » Aux pénitences corporelles, elle préférait de beaucoup un acte d'humilité, ou le brisement de la volonté, tout ce qui méritait vraiment devant Dieu. « Dans les pratiques extérieures, disait-elle, il est bien rare de ne pas rencontrer d'amour-propre, tandis que dans la mortification spirituelle, Dieu seul voit nos luttes, les apprécie et les récompense. »

Après les repas de midi et de sept heures, la Règle permet de rompre le silence et accorde aux Sœurs une récréation. A ces moments de répit et de délassement, Mère Marie des Anges apparaissait, plus encore qu'à l'ordinaire, dans son naturel simple, affable, distingué sans raideur, joyeux et répandant la joie. Tout ce qu'il y avait de primesautier dans son caractère, se montrait pour le plus grand bonheur de ses filles. Ses yeux pétillaient de malice et de bonté ; le sourire habituel qui éclairait son visage, faisait dire à ses lèvres tout ce que son cœur renfermait de bienveillance et de miséricorde ; on le sentait accueillant et l'on s'y rendait.

Dans son habit religieux, la tête droite, le regard profond, les gestes naturels, la démarche grave, elle semblait, au témoignage de ceux qui l'ont connue, une « petite reine. » Nous le croirons volontiers, s'il est vrai que la majesté corporelle tient à la personnalité, à ce qu'on pense, à ce qu'on dit, à ce qu'on fait ; si la distinction extérieure est l'expression d'une belle âme ! Et volontiers, à propos de Mère Marie des Anges, nous dirions avec le Père Lacordaire :

« O visages des saints, douces et fortes lèvres accoutumées à louer Dieu et à baiser la croix de son Fils ; regards bien-aimés, qui discernez un frère dans la plus pauvre créature ; cheveux blanchis par la méditation de l'éternité ; couleurs sacrées de l'âme qui resplendissez dans la vieillesse et dans la mort, heureux qui vous a vus ! plus heureux qui a compris et qui a reçu de votre glèbe transfigurée, des leçons de sagesse et d'immortalité. »

Dans ses rapports, Mère Marie des Anges était d'une politesse exquise. Aucun mot blessant, aucun acte choquant, aucune question indiscrète ; pas d'air maussade mais des paroles aimables et des procédés bienveillants. Elle avait le mot gracieux et chacune, en l'abordant, se croyait la préférée.

Jouait-elle aux « dames », elle s'arrangeait, quoique très habile, de façon à faire gagner sa partenaire. Elle ne s'impatientait pas de certaines petites taquineries qui lui venaient des plus jeunes à ces moments de distraction : « Ma Mère, lui dit un jour Sœur Marie Imelda Bertrand, me permettez-vous de mettre le feu au couvent ? — Oui, ma fille, répondait Mère Marie des Anges, jusqu'à ce que, s'apercevant des rires des Sœurs, elle disait à l'espiègle : « Que m'avez-vous demandé ? » Et quand elle savait ce qu'elle avait permis : « Gardez-vous en bien ! » s'écriait-elle.

Souvent, elle écoutait les Sœurs, laissant son regard se reposer sur chacune. Lorsqu'on prenait la récréation dehors, les Sœurs l'entouraient volontiers et c'était un vrai délassement que de l'entendre ; sa joie intime se répandait autour d'elle et l'on ne s'ennuyait pas !

Vers deux heures, la vie de solitude et de travail reprend pour toutes les religieuses. La préparation des cours, les leçons, le soin des malades se partagent leur temps. Vêpres et Complies suivies de la belle procession du « *Salve Regina* », la lecture spirituelle en commun, l'office de Matines, l'oraison vespérale conduisent les Sœurs jusqu'au souper ou la collation des jours de jeûne. Les « suffrages » ou prières du soir, terminent une journée bien employée.

Nous avons dit ailleurs les visites nocturnes que Mère Marie des Anges, à l'instar de saint Dominique, rendait aux Sœurs. Elle allait aussi au dortoir des élèves du Pensionnat, pour bénir ses petites filles, soigner les malades. Comme ces visites étaient reçues avec reconnaissance ! Ne rappelaient-elles pas aux grandes comme aux petites les tendresses maternelles !

C'est ainsi que, par une bonté de tout son être, cette admirable femme entrait dans la vie quotidienne de ses filles ; discrète toujours, mais si aimable qu'on sentait revivre, avec elle, les douceurs du foyer domestique. Et le couvent était une famille où Mère Marie des Anges s'efforçait d'entretenir l'union des cœurs et la charité fraternelle. Elle-même se montrait en toutes circonstances si respectueuse de la réputation et du caractère religieux des Sœurs ! Quelle habileté généreuse ne déployait-elle pas, quand il lui fallait se rendre à une évidence douloureuse, pour pallier les fautes, en excuser les auteurs ! Oublieuse d'elle-même, détachée de toute considération humaine, elle excellait à se mettre à la place de celles qui souffraient et une immense pitié l'envahissait alors, qui passait dans son regard, sa voix, ses gestes. Rien ne résistait au charme souverain de sa charité ! toutes s'y laissaient prendre et, comme un baume doux et fort, elle guérissait, ou du moins aidait à guérir, des infirmités physiques et morales.

Dès lors, faut-il donc s'étonner qu'elle eut tant de puissance sur le Cœur de Jésus ! Elle lui confiait les misères de ses filles et Celui qui « passa en guérissant de toute langueur et de toute infirmité » l'écoutait gracieusement.

Une religieuse nous a confié qu'elle était rongée par des peines intérieures intolérables. C'était une obsession de chaque jour et toutes les heures du jour. Elle ne trouvait un peu de calme qu'auprès de Mère Marie des Anges et de son confesseur. Celui-ci la voyant si malheureuse et ne sachant que faire pour alléger son fardeau, lui dit avec un accent qu'elle n'oubliera jamais : « Croyez-vous en la sainteté de notre Mère ? — Si elle y croyait la pauvre enfant ! — Eh bien, reprit-il, demandez au bon Dieu, par les mérites et les souffrances de notre Mère, la cessation de vos peines, et cette prière, je la ferai pour vous. » La grâce implorée fut obtenue. Depuis, les peines intérieures ont cessé ; elle a repris en elle-même une juste confiance et le souvenir de Mère Marie des Anges n'y est pas étranger.

M. l'abbé Bresselle avait conseillé, pour émouvoir le Cœur de Dieu, de lui présenter les souffrances de Mère Marie des Anges. C'était un moyen infaillible, car ces souffrances, elle les supportait avec une patience héroïque. Cette patience ne se démentit jamais, au témoignage du bon et cher « Cyrénéen » qui l'aidait à porter sa croix.

« Voyez-vous, disait-elle en riant, les gens du monde disent : J'ai des rhumatismes,... je souffre du cœur, de la poitrine... et ils n'en finissent pas sur leurs maux. Moi je pourrais dire : je ne souffre pas de... » et elle cherchait, en vain, la partie de son pauvre corps qui n'avait pas souffert.

Quand elle avait la migraine, elle ne savait comment tenir sa tête tout endolorie ! Qu'elle a souffert moralement en voyant baisser sa vue ! Penser qu'elle pouvait devenir aveugle, se trouver incapable de tant de choses, était une perspective si accablante ! Les lettres, écrites à cette époque, portent l'empreinte du mal qui la menaçait. Afin de ne pas trop se fatiguer, elle essayait d'écrire sans regarder ! Une religieuse la surprit, un soir d'hiver, appliquée à ce douloureux essai : « Elle me tendit un petit billet en me disant : Pouvez-vous lire ? Je lus fort bien ce qu'il contenait et je réussis à grand'peine à le garder. — « Mon Dieu, écrivait-elle, que votre sainte et adorable volonté soit faite, je veux tout ce que vous voulez, parce que vous le voulez. J'aime votre bon plaisir ; qu'il remplisse toujours tous mes désirs ; mon corps, mon âme, ma vie, ma vue, mes yeux vous appartiennent, disposez-en selon votre sainte volonté. Si vous m'affligez, je vous bénirai ; si vous me consolez, je vous bénirai ; si vous me privez de travailler, je vous bénirai ; si vous me condamnez au repos, je vous bénirai ; si vous me donnez la santé, je vous bénirai : si vous me rendez infirme, je vous bénirai. Si vous voulez que je vive, je le veux ; si vous voulez que je meure, je le veux... »

Sa maladie de poitrine fut le martyre de toute sa vie : douleurs, étouffements, crachements de sang... Ce mal l'avait prise à 3 ans par une fluxion de poitrine... Un mal étrange dans les bras, les jambes, les pieds, gonflement et plaques rouges, souffrances de partout qui lui rendaient insupportable le moindre poids.

« Au milieu de ses souffrances, écrit le même témoin, notre Mère était calme, bonne, souriante. Que de fois je l'ai vue au lit, grelottant de fièvre, se lever pour remplir une mission qui lui semblait un devoir; même se mettre en route pour un voyage urgent... Quand sa mission était terminée, son état de faiblesse reprenait le dessus !

« Et près de nos malades !... elle avait des paroles de feu pour soutenir, encourager, engager à faire le sacrifice de sa vie. »

C'est ainsi que Mère Marie des Anges atteignit les dernières semaines de sa vie.

« Comment redire les inquiétudes par lesquelles nous passions. Notre Mère bien-aimée changeait beaucoup. Je la quittais le moins possible et je veillais près d'elle jusqu'à minuit, une heure du matin et parfois davantage... Quand elle ne dormait pas, nous causions. Notre Mère faisait revivre le passé, elle racontait mille traits charmants de sa jeunesse ou de la fondation ; elle aimait parler de ce que qu'on faisait autrefois, de ce qu'on ferait plus tard. Chère Mère ! elle ne pensait pas nous quitter encore !

« Depuis le 8 avril, son état s'aggravait chaque jour ; inquiet, le médecin n'osait plus nous donner d'espoir. Mais il savait encourager sa malade, la remonter...

« Souffrant beaucoup et de partout, au dos, à la poitrine, au côté, dans les bras... notre Mère ne pouvait demeurer au lit qu'elle appelait son calvaire. Elle se levait de temps en temps et faisait quelques pas, appuyée sur moi ; nous allions ainsi voir Mère Sainte-Catherine... C'était une fatigue inouïe ! Elle était prise alors de fortes suffocations, l'expectoration se faisait si difficilement et sous un aspect si inquiétant !...

« Le vendredi 12 avril, notre Mère était plus faible, le mal gagnait toujours. Le médecin avait dit : « Si elle parle des derniers sacrements, qu'on les lui donne... il est temps ! » Quelle douleur pour nous ! Et notre Mère témoigna le désir de l'Extrême-Onction. Une Sœur qui fut bien dévouée à son chevet et moi, nous lui fîmes sa toilette... « Faites vite, nous disait-elle, car je crains de m'émouvoir. » On célébrait en ce jour la fête de Saint-Vincent Ferrier ; notre Mère avait fait attacher une relique du saint au rideau de son lit, et prié qu'on bénisse de l'eau de la bénédiction contre la fièvre, pour en prendre dans chacune de ses potions. Nous lui parlions de la puissance de Dieu et nous espérions un miracle ! Vers dix heures, le Père Estéva lui administra solennellement le Sacrement des malades. Après les dernières prières, il lui dit : « Vous êtes contente, Mère ? » Elle répondit : « Très contente ! » et jeta sur ses filles un regard si maternel ! La journée se passa sans incident. Les Sœurs se remplaçaient, deux à deux, devant le Tabernacle pour réciter le Rosaire.

A huit heures, toute la communauté se réunit à la

chapelle et supplia la Sainte Vierge, Saint Vincent de faire le miracle. Et notre Mère qui l'attendait fermement fut bien déçue quand les douze coups de minuit eurent sonné.. « La fête est passée ! soupira-t-elle. » A une question que je lui posais à ce sujet, elle répondit : « Je veux ce que le bon Dieu veut ! » Elle était si mal que je n'osais pas la quitter d'une minute : « Pauvre petite, me dit-elle, vous n'en pouvez plus... » A mes protestations, elle ajouta : « Le bon Dieu vous le rendra ! » Alors, je dis : « Mère, c'est de tout mon cœur que je vous soigne ! — Je le sais, me répondit-elle, je crains même que vous y mettiez trop votre cœur, et qu'ainsi vous n'en perdiez le mérite ! »

« Le samedi 13, le médecin, venu dans la matinée, trouva sa malade très mal : elle parlait difficilement, la langue était embarrassée... Et quand, après Vêpres, les Sœurs montèrent chez elle pour se faire bénir, notre Mère ne put que presser la main de chacune, lui sourire... Sur ces entrefaites, arriva la Prieure de Bruxelles qui fut très affectée de l'état de notre Mère. La nuit du samedi au dimanche fut des plus pénibles: respiration très difficile, étouffements. » Ma misère, ma misère, répétait-elle, avec, sur le visage, une expression douloureuse. Elle s'aperçut de l'inquiétude qui l'entourait : « Qu'avez-vous, dit-elle, on a l'air inquiet ; je me trouve cependant mieux ! » Un peu après, notre Mère dit : « J'ai sommeil, je vais m'endormir dans la volonté du bon Dieu. » Et elle reposa jusqu'à l'heure où le Père lui apporta le bon Dieu. » Vers huit heures, quand arriva le médecin, elle lui dit : « Mais qu'ont donc nos Sœurs ? Elles semblent si inquiètes. Je vais mieux ! » Elle ne sentait plus son mal ! Vers dix heures, la Mère Prieure qui se tenait près de la malade en bon et fidèle « cyrénéen », l'entendit lui dire : « Je ne souffre pas ! » Elle fixa alors Mère Marie des Anges qui la regardait d'une façon si singulière. Ce regard était plein d'un passé rempli de dévouement, de sacrifices supportés en commun ! « Est-ce qu'il n'y a plus d'espoir, demanda Mère Marie des Anges ! » — Jésus va venir, répondit en pleurant la Mère Prieure. — « Merci, ma fille, je ne croyais pas mourir encore. Ne pleurez pas, vous me faites de la peine. Je m'abandonne à Dieu, abandonnez-vous à Lui. Son heure doit être la nôtre. Soyez bonne pour les Sœurs, je compte sur vous ! » Quelque temps après, elle fit demander la Communauté. Quand toutes les Sœurs se furent rangées autour d'elle, Mère Marie des Anges, d'une voix rauque, impressionnante, fit ces adieux :

« Vous savez ce que mon cœur vous dit ! Soyez unies, aimez la Règle, aimez vos Supérieures, aimez vos Sœurs, vivez de sacrifices, vivez de charité, ne refusez rien au bon Dieu... Le bon Dieu ne vous abandonnera pas... Nous ne nous séparons pas... Priez pour moi, envoyez-moi vite au ciel. Soyez toutes bien unies dans la prière et le sacrifice. Je vous laisse mon cœur, mon affection. Restez toute votre vie bonnes religieuses. Priez pour votre pauvre Mère qui ne vous a pas toujours bien édifiées ; je vous en demande pardon. — C'est nous, Mère, qui vous demandons pardon de toutes les peines que nous avons pu vous faire, interrompit Mère Madeleine.— Et Mère

Marie des Anges continua : « Le bon Dieu donnera sa lumière à qui il faudra. Jetez-vous entièrement dans le Cœur de Jésus... Vivez d'union et de charité. Je voudrais bien rester encore avec mes chères filles, mais le bon Dieu m'appelle ; son heure est la mienne : je ne veux que celle-là. »

Les Sœurs se retirèrent en silence, emportant dans le cœur, ces conseils maternels.

La Mère Prieure de Bouge, qui venait d'arriver, demanda une entrevue à Mère Marie des Anges. Notre Mère, qui ne comptait plus la revoir, s'écria : « Qu'elle vienne vite ! » Toutes deux avaient tant lutté ensemble pour l'œuvre des sourds-muets, il y avait entre elles une confiance si entière que leur dernière entrevue s'en ressentit. Prises d'émotion, elles n'eurent qu'un mot de part et d'autre : « Vous me bénissez, Mère, moi et vos filles de Bouge. » — « Oui, oui, de tout mon cœur ! »

Notre Mère sembla s'assoupir... Plus tard, vers midi, ne tenant plus dans son lit, elle demanda qu'on la changeât de couche. « Ma misère, ma misère, gémissait-elle. » Et pour retenir la vie qu'elle sentait s'en aller, elle prit du lait.

Cependant les forces déclinaient de plus en plus ; les membres se glaçaient peu à peu. Dès qu'on l'eut tant bien que mal replacée dans son lit, notre Mère ne parla plus ; elle demeura, le regard fixé sur l'image du Sacré-Cœur. »

Qui pourra jamais dire le colloque qui s'établit entre ce cœur de femme si viril, si grand, si rempli de bonté et l'adorable Cœur du Maître ! Les souvenirs affluaient sans doute, apportant à la mourante l'assurance des miséricordes divines. Le culte du Sacré-Cœur n'avait-il pas été la passion absorbante et dominatrice de toute la vie de Mère Marie des Anges, et Notre-Seigneur n'a-t-il pas promis son assistance spéciale, pour l'heure de la mort, à tous ceux qui honoreraient son Cœur ? Oui, nous en avons la confiance, Jésus dut lui murmurer doucement : « Viens, bonne et fidèle servante, entre dans le royaume qui t'a été préparé ! »

« Vers une heure et demie de l'après-midi, notre vénérée Mère poussa trois légers soupirs... C'était fini ! Elle paraissait devant Dieu !... Sa dépouille mortelle, revêtue de l'habit de l'Ordre, repose, les traits calmes, dans la paix du Seigneur... On sentait planer son âme sur la Communauté. N'avait-elle pas dit qu'elle ne nous quitterait pas ? Oh ! les grâces de force, en ces jours douloureux, c'est bien à elle que nous les devions ! »

Le mercredi 17 avril, dans la chapelle du couvent, eurent lieu ses funérailles. Les Supérieures et une déléguée de chaque maison ; le clergé local et plusieurs religieux y assistaient. Le Père Estéva, confesseur de la Maison-Mère, célébra l'office. Il avait si bien compris la grande âme de la Fondatrice : « C'est la charité s'épanouissant en bonté qui était sa note caractéristique », aimait-il à nous dire, quand nous l'interrogions à son sujet.

Le corps de Mère Marie des Anges repose au cimetière de Casteau : « Il m'est doux de penser, écrit

M. l'abbé Delferrière, curé de la paroisse, qu'elle repo-
sera auprès de nous, après plusieurs de ses enfants
qui l'on devancée. »

Cette sympathie, la vénérée défunte l'inspirait à
tous ceux qui l'approchaient. Les nombreux témoignages de regret, parvenus à Casteau en sont une
preuve : « C'est la sainte disparue », disait-on, —
« une protectrice au ciel », ajoutait une autre, —
« la vraie servante de Jésus-Christ », — « une vraie
et sainte religieuse... qui avait toutes les qualités de
l'esprit et du cœur nécessaires aux personnes qui sont
en charge et qui ont pour mission de gouverner. » —
« Sa distinction, sa bonté, ce cachet de sainteté, lui
gagnaient tous les cœurs. »

M. l'abbé Bresselle, curé d'Hardinghen et ancien
confesseur de la Communauté, écrivait : « Dieu a dû
accueillir dans sa miséricorde une âme si bien préparée par toute une vie de dévouement et d'abnégation. Bonne Mère ! au milieu de ses continuelles
maladies, elle trouvait dans sa charité pour Dieu et
vos âmes, le moyen de toujours suffire à tout. Dieu
la soutenait évidemment, sans cela, il y a longtemps
qu'elle eût succombé en accomplissant un tel labeur ! »

Un religieux de l'Ordre de Saint-Dominique que
Mère Marie des Anges estimait beaucoup, écrivait au
« bon cyrénéen », alors Vicaire générale de la Congrégation :

« Laissez-moi vous dire combien profondément je
partage votre douleur ; car il m'avait suffi de connaître votre Mère si bonne, cette âme si surnaturelle,

si dominicaine, si totalement à Dieu, pour m'attacher à elle et à ses filles par une très religieuse et très vive affection.

« Je m'unis donc de tout mon cœur à vos prières, et je comprends quel vide son départ doit laisser parmi vous ; quelle épreuve ce départ va être pour toutes vos Sœurs et quel fardeau, ma Révérende Mère, il laisse sur vos épaules. C'est le moment, pour toutes, d'être fortes et d'avoir foi en Dieu. Rappelez-vous la parole de notre Père saint Dominique mourant, à ses fils : Je vous serai plus utile après ma mort que durant ma vie. — Oui, vivez de cette pensée, de cette certitude que « votre Mère », en vous quittant, ne vous abandonnera pas, qu'elle vous sera plus utile encore du haut du ciel que sur la terre, parce qu'elle sera plus puissante sur le Cœur de Dieu. Vous savez ses idées sur vous, efforcez-vous d'y rester fidèle et ayez confiance... »

Cette protection s'est déjà fait sentir. Les Dominicaines du Sacré-Cœur vivent de l'esprit de leur sainte Fondatrice et Dieu les bénit. L'Eglise a approuvé les Constitutions et accordé le Bref de louange.

La vie religieuse se développe en profondeur et en intensité dans chacun des couvents. Le « bon cyrénéen » organise l'œuvre de Mère Marie des Anges en vue de l'avenir.

Le grain a germé, l'arbuste qui en est sorti a pris de la croissance ; ses racines qui plongent dans l'humus si riche de l'Evangile, se fortifient et creusent toujours plus profondément. Le tronc s'élève peu à peu, gonflé de sève ; son feuillage touffu, s'étend, baigné de la rosée céleste, ensoleillé par l'amour divin. Puisse-t-il cet arbre, dans le champ de l'Eglise, devenir grand, vigoureux et beau !

Qu'en lui et à son ombre, la vie divine, sortie du Cœur de Dieu, s'épanouisse dans le cœur de nombreuses saintes et apostoliques dominicaines, pour rejaillir à flots dans l'éternité !

PIÈCES JUSTIFICATIVES

I

SOURCES DE LA BIOGRAPHIE DE MÈRE MARIE DES ANGES

1° *Le témoignage des Religieuses de l'Institut des Dominicaines du Sacré-Cœur.* — Quelques-unes des premières compagnes de la Fondatrice vivent encore et, parmi elles, la Très Révérende Mère Marie-Dominique, Prieure générale actuelle de l'Institut, le bras droit et la confidente de Mère Marie des Anges. Quant aux religieuses qui ont vécu près de la Fondatrice, à la Maison-Mère, les unes ont consigné par écrit leurs souvenirs, presque au jour le jour ; d'autres, interrogées par nous, ont permis à l'auteur d'élucider certains points demeurés dans l'ombre. Ces témoignages, venus de personnes très différentes de caractère et de situation dans l'Institut, soigneusement contrôlés les uns par les autres, concordent sur la vie intime et religieuse de Mère Marie ds Anges.

2° *Les témoignages des étrangers à l'Institut.* — Prêtres séculiers et réguliers qui ont exercé leur ministère au couvent de noviciat, ou qui furent en relation avec Mère Marie des Anges ; — Anciennes élèves et amis séculiers.

Ce témoignage, qui nous est parvenu par lettres ou de vive voix, confirme celui des Sœurs.

3° *Les archives généralices et conventuelles de l'Institut,* qu'on a largement ouvertes à nos recherches. Nous y avons consigné de précieux documents sur les origines de Mère Marie des Anges ; — sur ses fondations : — sur les progrès et l'organisation provisoire de la vie régulière et apostolique dans l'Institut.

4° *Les Constitutions et le Coutumier de Mère Marie des Anges,* approuvés, le 27 septembre 1893, par le Révérendissime Père André Frühwirth, alors Maître général de l'Ordre des Frères-Prêcheurs ; le 5 décembre 1894, par Mgr Williez, alors évêque d'Arras. Ces deux documents expriment la pensée de Mère Marie des Anges sur la vie religieuse qu'elle voulait pour ses filles, sur l'inspiration constante de cette vie religieuse : l'esprit des Constitutions du grand Ordre de Saint-Dominique et le culte du Sacré-Cœur de Jésus.

5° *La grande Chronique de l'Institut,* commencée et poursuivie par Mère Marie des Anges jusqu'à la fondation de Calais-Saint-Pierre ; — continuée par les Sœurs jusqu'en 1903, nous renseigne sur les premières années que vécut, dans le cloître, Mère Marie des Anges ; sur la fondation et les premiers développements de l'Institut.

6° *La Chronique d'Hardinghen,* dressée par M. l'abbé Gournay, curé de la paroisse, qui nous renseigne sur le château dit de « la Verrerie » et l'arrivée des Sœurs à Hardinghen.

7° *La Chronique de l'Institut des sourds-muets à Bouge-lez-Namur,* dressée jusqu'en 1909 par M. l'abbé Devos, aumônier de cet Institut, qui nous renseigne sur l'arrivée des Sœurs à Bouge-lez-Namur et sur l'œuvre qu'elles y entreprirent.

8° *La correspondance officielle et privée* engagée entre Mère Marie des Anges et M. le chanoine Dumas, son premier Supérieur canonique ; les évêques et chancelleries épiscopales ; M. le chanoine de Lencquesaing, archiprêtre de Calais ; M. le chanoine Bourgain, doyen de Calais-Saint-Pierre ; les prêtres séculiers et réguliers, pour affaires, ou d'ordre intime ; les Sœurs de l'Institut, supérieures ou simples religieuses. Cette correspondance, dans sa partie officielle, confirme et explique les documents contenus aux archives ; elle nous renseigne sur l'administration et le gouvernement de Mère Marie des Anges. Dans sa partie personnelle et privée, malheureusement incomplète, cette correspondance nous indique les principes de sa direction spirituelle.

9° *Des notes de retraite et de lectures* nous ont permis de fixer les quelques physionomies religieuses qui apparaissent dans cette biographie, heureux reflets de l'esprit infusé par Mère Marie des Anges à l'œuvre qu'elle a fondée.

II

EXTRAIT DE NAISSANCE

Extrait du Registre des Actes de l'état civil de la commune de Lacaune, chef-lieu de canton, arrondissement de Castres, Département du Tarn.

L'an mil huit cent trente-sept, le dix-huitième jour du mois de janvier, à 4 heures du soir, par-devant nous, Jean-Antoine-Alexandre Cambon, maire et officier de l'état civil de la commune de Lacaune, canton de Lacaune, département du Tarn, est comparu M. Hector Sicard, âgé de 40 ans, profession de greffier de la Justice de paix, domicilié à Lacaune, lequel nous a présenté un enfant du sexe féminin, né à Lacaune le jour d'hier, au lieu et maison de son dit père, à 7 heures du soir, de lui déclarant et de dame Suzanne Valette, son épouse, et auquel il a déclaré vouloir donner les prénoms de Marie, Elisabeth, Léonie, Alexandrine, Sophie.

Les dites déclarations et présentations faites en présence de Pierre Fabre, dit Miquel, âgé de 23 ans, profession de voiturier, domicilié au dit Lacaune, et de Pierre Valette, âgé de 26 ans, profession de forgeron, domicilié aussi au dit Lacaune, et ont les déclarants et témoins, signé avec nous le présent acte de naissance, après qu'il leur en a été fait lecture.

SICARD, P. FABRE, P. VALETTE, A CAMBON, *Maire*, signés.

Pour extrait conforme au registre :

Délivré à la Mairie de Lacaune le 13 juin 1876.

L'officier de l'état civil délégué,
L. CROS.

III

EXTRAIT DE BAPTÊME

*Extrait du Registre des baptêmes de la paroisse de Lacaune
pour l'année 1837.*

L'an mil huit cent trente-sept et le dix-huit janvier, a
été baptisée, dans l'église paroissiale de Lacaune, Marie-
Elisabeth-Léonie-Alexandrine, née la veille, fille légitime
de M. Hector Sicard et de dame Suzanne Valette, domici-
liés à Lacaune.

Parrain, Pierre Fabre ; marraine, Marie Sabathier qui,
l'un et l'autre ont signé avec nous.

Suivent les signatures :

Marie SABATHIER, Pierre FABRE et DELGRAS, curé.

Pour extrait conforme :

Lacaune, le 6 novembre 1867.

J.-S. RICUNAU, curé.

La signature ci-dessus certifiée véritable.

Alley, le 7 novembre 1867.

CAYZAC, vic. gén.

IV

DIPLOME DE RÉCEPTION DANS LE TIERS ORDRE SÉCULIER DE SAINT-DOMINIQUE

Au nom du Révérendissime Maître général de l'Ordre des Frères Prêcheurs.

Nous, Vinc. Girard, des Frères-Prêcheurs, Directeur du Tiers-Ordre de la Pénitence de Saint-Dominique, à Toulouse, après le noviciat ordonné par les Constitutions, avons admis à la profession du dit Tiers-Ordre, Mlle Angèle Sicard, le 8 décembre 1863, jour de la fête de l'Immaculée Conception, sous le nom de Sœur Agnès de Jésus Sicard.

Par les présentes, nous la déclarons membre de notre Saint Ordre et lui conférons la participation pleine et entière à ses grâces, indulgences et privilèges.

Donné à Toulouse, le 8 décembre 1863.

Fr. Vinc. GIRARD,
des ff. Prêch.,
Directeur du Tiers-Ordre de Saint-Dominique.

V

VŒU AU SACRÉ CŒUR

J. M. J. + D. C.   Mazan, 4 août 1875.

Vœu formulé le jour de la fête de notre Bienheureux Père Saint Dominique.

1875

En présence de l'auguste Trinité, de la Très Sainte Vierge, de Saint Joseph, de mon bon ange, de Saint Dominique, de Sainte Catherine de Sienne et de toute la cour céleste, moi, Sœur Marie des Anges, promets par vœu au Sacré-Cœur de Jésus, si sa divine bonté sauve notre Communauté de la ruine qui la menace, ou tout au moins, s'il nous ouvre un asile où nous puissions vivre et travailler pour sa gloire sous la Règle que nous avons embrassée :

1° de travailler de tout mon pouvoir et jusqu'à mon dernier soupir à propager sa douce dévotion.

2° Le monastère que nous habiterons lui sera dédié et portera le nom de Maison du Sacré-Cœur. Comme marque de cette consécration, notre premier soin sera de lui élever un autel, d'exposer sa statue à la vénération publique et de placer son image dans tous les appartements de la maison.

3° Nous solliciterons l'autorisation d'avoir le Saint-Sacrement exposé tous les premiers vendredis du mois, et de faire ce jour-là, une procession pendant trois ans.

4° Je ferai, autant que mes Supérieurs me le permettront, une communion par semaine en action de grâces et j'engagerai les Sœurs qui composeront la Communauté à faire cinq communions à la même intention.

5° La première novice qui prendra le saint habit portera le nom du Sacré-Cœur.

6° L'œuvre qui nous sera confiée sera placée sous la protection du Sacré-Cœur.

O Jésus, mon unique amour, j'espère en Vous, que mon espoir ne soit pas confondu. Je compte sur votre infinie bonté pour avoir le moyen d'accomplir le vœu que je viens de formuler avec la permission de mon Supérieur. Vivez dans le cœur de votre indigne servante, mon Jésus. Glorifiez-vous en moi et par moi, suivant votre bon plaisir et agréez le sacrifice entier que je vous fais de moi-même en m'abîmant pour toujours dans l'océan de votre divine miséricorde. Ainsi soit-il.

Sœur MARIE DES ANGES.

Moi, Sœur Saint-François de Sales, m'engage :

1° à aider de tout mon pauvre petit pouvoir le monastère du Sacré-Cœur ;

2° à communier une fois par semaine en action de grâces, pendant un an, le vendredi de préférence ;

3° à faire dire trois messes pour les âmes du Purgatoire ;

4° à réclamer cinq communions de chacune de nos Sœurs novices de Mirecourt.

Le tout avec permission et approbation de mes Supérieurs.

Ce vœu a été approuvé par Mgr Lequette, évêque d'Arras, le 1ᵉʳ juin 1877.

VI

TESTAMENT SPIRITUEL

J. M. J. + D. C.

Au nom du Père et du Fils et du Saint-Esprit. Ainsi soit-il.

Testament spirituel ou Testament de mon cœur.

Ceci est mon testament et l'expression de mes dernières volontés, écrit de ma main, ayant ma pleine et entière lucidité.

Je donne mon âme à Dieu, mon Créateur, mon Sauveur et mon Rédempteur, à qui je demande la grâce de mourir saintement dans la foi de l'Eglise catholique, apostolique et romaine et dans la Communauté des Dominicaines du Sacré-Cœur dont j'ai le bonheur d'être membre.

Je demande humblement pardon à tous ceux et celles que j'ai pu offenser, contrister ou malédifier et je pardonne également à tous ceux et celles qui ont pu me faire de la peine.

Je demande qu'après ma mort, on accorde à mon corps la sépulture ecclésiastique, et à mon âme, les prières, tous les suffrages que notre saint Ordre accorde à ses enfants.

De plus, je demande à chacune de mes filles, la charité de faire neuf fois le chemin de la Croix, neuf fois la réci-

tation du saint Rosaire, et l'application des indulgences
qu'elles pourront gagner durant les six mois qui suivront
mon décès. En retour, je leur promets de prier beaucoup
pour elles quand je jouirai du bonheur éternel, si la divine
miséricorde daigne me l'accorder, comme je l'espère.

Je recommande à mes chères filles de garder toujours,
avec une fidélité inviolable, la sainte Règle qu'elles ont
vouée ; de faire fleurir la charité fraternelle, le dévouement
à leur Communauté, l'esprit de famille, la simplicité,
l'obéissance, la sainte pauvreté, l'esprit de sacrifice et par-
dessus tout, l'amour du Sacré-Cœur de Jésus, la dévotion
du saint Rosaire et le zèle des vrais enfants de Saint-Dominique.

Quand le moment de faire l'élection d'une Prieure sera
venu, je vous recommande, mes chères filles, de vous dépouiller de tout sentiment personnel et de nommer celle
qui, devant Dieu, vous semblera la meilleure, la plus
propre à procurer le bien matériel et spirituel de la Communauté, lui conserver son esprit. J'espère que votre choix
tombera sur un membre de notre Congrégation et que
vous n'irez pas chercher une Prieure générale dans un
autre couvent. Celle qui sera élue aura grâce et mission
pour vous conduire, il faudra donc de tout cœur lui accorder votre confiance, votre respect, votre obéissance, comme
à la représentante du divin Maître. En cela, vous serez
agréables au bon Dieu, vous ferez descendre sur vous les
bénédictions et les grâces dont vous aurez besoin, j'ose
dire que vous entrerez dans mes désirs.

Ne craignez pas d'être abandonnées de Dieu tant que
vous lui serez fidèles. La Providence du Cœur de Jésus
pourvoira à tous vos besoins. Oui, le Cœur de Jésus sera
plus que jamais votre Père et votre Mère, vous serez son
troupeau privilégié. Il multipliera votre nombre pour la
gloire de son nom.

Je désire et vous demande au nom de la tendresse maternelle que je vous porte à toutes en général et à chacune en particulier, d'avoir pour la maison de St-Pierre, comme pour celle d'Hardinghen, une affection égale. Ces deux maisons doivent être animées d'un même esprit, elles ne doivent former qu'un cœur et qu'une âme dans la charité. Qu'il en soit de même pour la fondation de la Mallieue, de Bormenville, de Bouge-lez-Namur, de Bruxelles et pour les autres qui pourront être fondées par vous, dans la suite.

Je recommande à celles qui me succèderont dans la charge de Prieure générale de se montrer toujours mères pour leurs filles. Qu'elles tempèrent par la charité les actes de leur autorité, s'efforçant avant tout de faire régner la charité, la paix, l'union des cœurs, l'observance des Constitutions, du Coutumier, l'esprit intérieur, le silence, l'esprit apostolique ; de bien surveiller la formation des novices, de marcher toujours d'accord avec les Supérieurs ecclésiastiques, de donner tous leurs soins à procurer la sanctification de leurs filles, sans partialité, sans préférence pour aucune, les aimant, les servant toutes largement, pourvoyant à tous leurs besoins en santé comme en maladie et leur servant d'exemple en toutes choses.

Que leur sollicitude maternelle ne se borne pas à procurer le bonheur religieux aux Sœurs de la Maison-Mère, mais qu'elle s'étende à toutes les Sœurs des autres maisons. Qu'elles soutiennent l'autorité des Supérieures locales, tout en conservant sur les maisons secondaires, leur propre autorité selon les Constitutions et l'esprit de Dieu.

Qu'elles veillent sur les œuvres dirigées par la Congrégation, pourvoyant autant que possible à ce que tout s'y fasse selon l'esprit de la Règle et le bien des âmes.

Je demande humblement à Monseigneur notre Evêque, à notre digne et vénéré Père supérieur, à M. le Curé d'Hardinghen notre dévoué directeur, à M. notre cher aumônier, d'être toujours les protecteurs, les amis dévoués de notre petite Congrégation ; je me recommande à leurs prières et saints sacrifices. Au ciel, j'espère leur prouver ma gratitude.

Je supplie instamment les Révérends Pères Dominicains que j'ai le bonheur de connaître et qui sont nos amis, d'avoir la charité de célébrer une fois le saint sacrifice de la messe pour le repos de mon âme, et de continuer leur dévouement fraternel à la Congrégation. Je demande la même grâce à M. Dumas, à M. Pillons.

Je demande à Mlles Crèvecœur et Leglaive de rester toujours les amis dévouées de la Communauté, de lui venir en aide dans ses besoins, de se constituer ses bienfaitrices. En retour, je leur promets de porter devant le bon Dieu l'affection que je leur ai vouée. Qu'elles veuillent bien faire célébrer, chacune, quinze messes pour le repos de mon âme.

Je désire et je veux qu'après ma mort, on ne parle de moi que pour me recommander aux prières de l'Ordre, de nos amis et des personnes qui veulent bien s'intéresser à nous.

Qu'on veuille bien prévenir de mon décès, les membres de ma famille, notamment ma nièce Angèle Mandoul, à Codès, près Cuq-Toulza (Tarn) ; ma sœur Marie Menzels, à Albi (Tarn), boulevard Alsace-Lorraine ; Mlle Marie de Lausun, rue de la Dolbade, Toulouse (Haute-Garonne) ; ma nièce, Elise Marty, rue Tourmente-de-Luppé, 40, Toulouse. Je leur dis au revoir au ciel, s'il plaît à Dieu, et là, je prierai pour eux, en attendant qu'ils viennent me rejoindre pour l'éternité.

Encore une fois, mes bien-aimées filles, je vous demande pardon de tous les mauvais exemples que je vous ai donnés. Ne les imitez pas, mais gardez les conseils de votre Mère. Elle veillera sur vous quand la miséricorde du Cœur de

Jésus, la protection de Marie Immaculée et vos bonnes prières, lui auront ouvert le ciel où nous nous reverrons pour ne plus nous quitter. *Amen.*

Votre Mère affectionnée,

Sœur MARIE DES ANGES.

Hardinghen, dernier jour de ma retraite annuelle,

27 octobre 1895.

Revu le 26 mars 1902.

VII

APPROBATION DES CONSTITUTIONS

La Très Révérende Mère Sœur Marie des Anges (Sicard), Supérieure générale des Sœurs Dominicaines du Sacré-Cœur, à Hardinghen, diocèse d'Arras (France), m'ayant présenté les Constitutions de leur Congrégation naissante en vue de les faire examiner, je soussigné Fr. André Frühwirth, Maître général de l'Ordre des Frères-Prêcheurs, déclare, après mûr examen, que les dites Constitutions ne contiennent rien de contraire aux traditions de l'Ordre, qu'elles sont en tout conformes à l'esprit de nos Constitutions et que pour la plus grande partie, elles reproduisent fidèlement le texte des Constitutions et cérémonies du grand Ordre.

Aussi n'hésiterai-je pas à déclarer que les Sœurs vivant selon ces Règles, marcheront certainement dans la voie de la perfection, selon l'esprit de notre glorieux Père Saint Dominique et rendront de bons services à notre très glorieuse mère la sainte Eglise.

La dévotion particulière qu'elles professent pour le Sacré-Cœur de Jésus, dont elles portent dévotement le nom, sera pour les Sœurs et pour leurs élèves, une source intarissable de grâces et leur méritera la bienveillance particulière de Nos Seigneurs les Evêques et du chef suprême de la sainte Eglise.

Hardinghen, le 27 septembre 1893.

Fr. André Frühwirth,
Maître général
de l'Ordre des Frères-Prêcheurs.

Fr. Dominique-Marie Scheer,
Provincial d'Ecosse, Maître en théologie et
compagnon du Maître général.

Pag. 77.

A la Très Révérende Mère, Sœur Marie des Anges (Sicard), Supérieure générale des Sœurs Dominicaines du Sacré-Cœur.

VIII

APPROBATION DU COUTUMIER

La Très Révérende Mère, Sœur Marie des Anges (Sicard), Supérieure générale des Sœurs Dominicaines du Sacré-Cœur, à Hardinghen, diocèse d'Arras (France), m'ayant présenté le Coutumier de leur Congrégation naissante, en vue de le faire examiner, je soussigné **Fr. André Frühwirth**, Maître général de l'Ordre des Frères-Prêcheurs, déclare, après mûr examen, que le dit Coutumier est très conforme à l'esprit de notre Ordre et ne renferme pour la plus grande partie, que le texte du cérémonial du grand Ordre. J'exhorte vivement les Sœurs à suivre exactement ce Coutumier. En le faisant, elles rendront un **culte** agréable à Dieu, selon l'esprit de notre glorieux père Saint Dominique et mériteront des grâces insignes pour **elles-mêmes**, pour l'Ordre de Saint-Dominique et pour **toute la** sainte Eglise.

Hardinghen, le 27 septembre 1893.

Fr. Anré **Frühwirth**,
Maître général de l'Ordre des Frères-Prêcheurs.

Fr. Dominique-Marie **Scheer**,
*Provincial d'Ecosse, Maître en théologie,
et compagnon du Maître général.*

A la Très Révérende Mère, Sœur Marie des Anges (Sicard), Supérieure générale des Sœurs Dominicaines du Sacré-Cœur.

IX

AFFILIATION DE LA CONGRÉGATION A L'ORDRE DES FRÈRES PRÊCHEURS

Nous, Frère André Frühwirth, professeur de sacrée théologie, humble Maître général et serviteur de tout l'Ordre des Prêcheurs, aux Sœurs du Tiers-Ordre de Saint-Dominique, résidant dans le couvent d'Hardinghen et autres maisons religieuses de la Congrégation du Sacré-Cœur de Jésus, salut et bénédiction, zèle et progrès dans la dévotion au Sacré-Cœur de Jésus.

Le très glorieux défenseur de la foi catholique et soldat du Christ, la saint patriarche Dominique institua le Tiers-Ordre, qu'on appelle de la Milice de Jésus-Christ ou de la Pénitence, pour combattre l'hérésie et lutter par la pénitence contre l'ennemi intérieur.

Plusieurs Papes, notamment Grégoire IX, Jean XXII, Boniface IX, Innocent VII et Eugène IV l'approuvèrent et l'enrichirent de privilèges et d'innombrables indulgences. De très nombreux fidèles de l'un et l'autre sexe, s'illustrèrent dans ce Tiers-Ordre par la sainteté de leur vie. Au premier rang brillent la glorieuse Vierge Catherine de Sienne, épouse bien-aimée de Jésus-Christ, et Sainte Rose de Lima, première fleur de sainteté de l'Amérique méridionale.

Après avoir fait de pieuses réflexions sur toutes ces choses, Vous, filles bien-aimées dans le Christ, vouées au culte du Sacré-Cœur de Jésus, Sœurs du couvent d'Hardinghen, dans le diocèse d'Arras, et des autres monastères qui en sont sortis, vous Nous avez humblement et instamment demandé la faveur d'être admises dans cet Ordre illustre, afin de pouvoir profiter des indulgences et privilèges qui lui sont accordés.

C'est pourquoi, cédant à vos vœux et à vos pieuses demandes, par les présentes et en vertu de l'autorité apostolique qui Nous a été donnée, Nous recevons et affilions toutes et chacune des Sœurs qui ont déjà fait profession dans le couvent d'Hardinghen et les autres monastères de ladite Congrégation, et pour l'avenir toutes celles qui entreront dans les monastères de ladite Congrégation et feront profession dans ledit Ordre et même les simples novices de notre Tiers-Ordre de la Milice de Jésus-Christ ou de la pénitence ; et nous leur accordons toutes les grâces, faveurs et indulgences dont jouissent, pendant la vie et après leur mort, les autres religieuses du Tiers-Ordre, — pourvu toutefois que l'Ordinaire du lieu donne son assentiment.

Au nom du Père et du Fils et du Saint-Esprit. Nonobstant toutes les dispositions contraires.

En foi de quoi, Nous avons signé de notre main les présentes lettres, munies du sceau de notre charge.

Donné à Amiens, en notre couvent des saints Apôtres Pierre et Paul, la veille de la fête de Saint-Michel Archange, 1893.

Fr. André Frühwirth,
Maître général.

Fr. Dominique-Marie Scheer,
Provincial d'Écosse, Maître et théologie et socius.

TABLE DES MATIÈRES

SAINT-BRIEUC. — IMP. F. GUYON (1922).

9 782329 513720